TVOD

目次

まえがき

パンス

現代は「失言があふれる時代」です。

有名人から一般人まで、さまざまな人々がインターネットで自分の意見を発信することができて、ときに称賛され、ときに対立するという状況が、すっかり定着しました。そして、無数に生まれる言葉のなかから、不適切、不穏当な発言が表れることがあります。そういった発言は批判され、逆に擁護する人々、それに対する反論なども出現し、新たな対立を呼び込みます。誰かの「失言」が、つねにどこかで話題になっているのです。

「失言」が生まれるきっかけはさまざまです。気心の知れた内輪で盛り上がっているなかのふとした発言が、その外部から見たら問題だと指摘され、拡散するパターン、対立する意見の人を攻撃しようとして暴言に等しい言葉を発してしまうパターンなどがあります。いずれにしろ、広く言葉が拡散される可能性がある、ひとつの「公共空間」としてのインターネットという場において、自らの発言には十分気をつけなければいけません。

さて、現在のような環境が生まれるはるか昔から、有名人はその発言を厳しくチェックされ、ときとして問題となっていました。なかでも代表的な存在が政治家です。

僕は近現代史について調べるのが好きで、ここ100年くらいの出来事をメモしては年表にするという趣味があるのですが、「政治家の失言」を時系列に並べて見てみると、全体として「不適切」であるのは前提として、その質や傾向は、時代によって変化していると感じます。その変化とは何か。いつもカルチャーや社会について話をしているTVODの二人で、改めてその流れを追ってみたのが本書です。

さらに、そこから戦後日本の歴史が浮かび上がっていくような構成になればいいと思い、失言以外の話もたくさんしています。というのも、政治家の失言をただ列挙して二人で判定するだけだと、それらがほとんど不適切であることに変わりはないので、現代の感覚でひたすら斬って捨てる行為に終始してしまうだろうと考えたからです。現在に地続きなものとしての過去ができるだけつかみやすくなるよう、サブカル的なトピックについても話しています。そして、混迷していると言われる現代の日本社会の背景にはどんな系譜があるのだろう、という問いに答えられるようなものになれば良いと思って作成しました。教科書的な作りでもなく、雑談に近く、膨大な日本の戦後史のなかで言及できなかった部分も多々あるのですが、「なんで現代はこんな社会なんだろう」という問いに対して、「失言」を通して、昔もこんな状況だったとか、昔と比べてこう変わったのだといういくつかの提示ができたと考えています。

1945年から現代までを時系列的に追った章、そして「失言」を見ていくうちに、それらが日本社会に持続しているある側面を示していると判断してテーマ別に分けた章（『歴史認識問題』『核と原子力』『差別』）で構成しています。

本編に入るにあたり、本書での「失言」の定義について。単純に「その当時メディアを騒がせた」というのが第一の基準です。そのメディアの受け取り方の変遷などにも焦点を当てて、日本社会の変化を見ていきます。

また、その人の思想信条によっても定義は変わるものです。例えばバリバリの保守派だったら「これは失言ではない」といえそうなものにも言及していますが、そこには我々の姿勢が出ていると捉えて頂ければと思います。

参考文献はいろいろなのですが、本文中にもある程度明記しています。「失言」はある程度散文的な答弁などをメディアが一文にまとめて取りあげる、というパターンも多いのですが、その文の選択に関しては、基本的に木下厚『政治家失言・放言大全――問題発言の戦後史』（勉誠出版）に準じました。

第一章　終戦から55年体制へ　1945〜1963年

1947年 ■かかる不逞の輩が国民中に多数あるものとは信じませぬ（吉田茂　1月1日　年頭の辞にて）

1951年 ■曲学阿世の徒（吉田茂　5月3日　自由党両院議員秘密総会にて）

1952年 ■中小企業が倒産し、自殺するのはやむをえない（池田勇人　11月27日　衆院本会議にて）

1953年 ■バカヤロー（吉田茂　2月28日　衆院予算委員会にて）

1955年 ■現行憲法はマッカーサー憲法である（清瀬一郎　7月5日　衆院本会議にて）

1957年 ■自衛の範囲内なら核兵器の保有も可能だ（岸信介　5月7日　参院予算委員会にて）

1960年 ■神宮球場は今日も満員（岸信介　5月3日　記者会見にて）

現代とは質の異なる「失言」

パンス　「終戦～1963年」という括りで追っていこうと思います。まず、どこを「戦後の始まり」とするかという問いから始めないといけないですね。一般的に認識されている起点は「終戦の詔書」の朗読（玉音放送）が行われた8月15日ということになっています。しかし本当にそうなのか。降伏文書への調印は9月2日ですし、台湾や中国だと「終戦」の日はそれぞれ異なっているんですね。佐藤卓己『増補　八月十五日の神話』（ちくま学芸文庫）では、「8月15日終戦」説はのちの時代にメディアによって作られた言説であると、さまざまな資料を元に立証していま す。とはいえ便宜的に8月15日としてみましょう。この本ではさらに面白い指摘がなされていま す。「玉音放送」は10インチのレコード盤2枚に録音されているんです。それをプレイしたことから「戦後」が始まった。そしてこの録音は4分37秒であるとのこと。その7年後にはジョン・ケージが「4分33秒」という無音の楽曲を発表するなんてことが書かれています。

しかし自分の祖父の話を聞くと、「玉音放送」の記憶はしっかりとあるんです。当時祖父は招集されていて、もし戦争が終わっていなかったら本土決戦に備えている予定でした。ラジオの前に集められてじっと聞いていたんだが、何を言ってるのかさっぱり分からない。後で一高の友人に聞いたら「戦争に負けたんだ」と言われて驚いたと言ってました。

コメカ　『はだしのゲン』やアニメ版の『火垂るの墓』、『この世界の片隅に』とか、終戦の日としての8月15日を描いたサブカルチャー作品もこれまで多く制作されてきたよね。手塚治虫も、「紙の砦」という作品で終戦の日を描いている。それらの作品は総じて、当時を生きた「日本の一般市民」側からの目線（＝加害を加えた側としての日本国ではなく、国家権力に抑圧される日本国民としての目線）で終戦が描かれていて、戦後大衆層における太平洋戦争のイメージ形成にかなり寄与することになったわけだけども。

では、終戦直後の時期で、メディア上で取り沙汰された初期の政治家失言っていうのは、どういう感じのものだったんだろう？

パンス　この頃の「失言」は現代とは質も意味合いも異なると言っていいかと思います。政局のなかの対立で、思わず乱暴に発してしまった言葉が問題化する、といったような感じ。なので、あからさまに意味不明な発言などは見当たらない。あと、80年代以降みたいに多くないため、そんなに列挙できないのでご容赦ください。

当時の時代状況を記した書物としては、個人的にはジョン・ダワー『敗北を抱きしめて』（岩波書店）が好きですね。とにかくあらゆる角度から当時の様子を描いていて、とくに名もなき人々の生活がフィーチャーされているのが良い。そこでは国民たちを指して「虚脱」という言葉が使われていました。極度の緊張から解き放たれて、虚脱感だけ残ったという。終戦後、いきなりパッと時代が明るくなったわけではなかろうと思ってたので、この形容は納得できるものでした。

コメカ　終戦で体制が（表向きには）崩壊して、以前までの社会的価値観がひっくり返るっていうのは、なんか正直理屈としては理解できても、体感としては想像するのが難しいな。体験としてショックが大き過ぎるというか。先に挙げたようなサブカルチャー作品では、終戦を強烈な喜怒哀楽の感情で表現していた。『火垂るの墓』では悲しみが、『この世界の片隅に』では怒りが、「紙の砦」では喜びが強調されている。しかし多くの人にとって解放というのはそういうドラマチックな激情としてではなく、ポカンと空白が訪れるような虚脱状態としてあったというのは、たしかに納得できる感はある。

パンス　北中正和『にほんのうた』（平凡社）の冒頭では、終戦の瞬間から「何がラジオで流れたか」が描写されています。敗戦時はＮＨＫラジオしかありませんでした。８月23日に最初に流れた音楽が、箏曲の「六段」と「千鳥」。最初のポピュラー音楽は、９月９日にタンゴの桜井潔楽団などだったそうです。９月23日には米軍（進駐軍）向けの英語放送が始まって、ジャズやダンス音楽を日本人が耳にするようになります。ジャズ自体は戦前の日本にもたくさんあったので、当時の楽団などが再び活躍するようになるんですね。

コメカ　クレージー・キャッツの谷啓が、進駐軍放送で初めてスウィング・ジャズを聴いてショックを受けた、と語っていたのが記憶に残ってるなあ。それまでもブラスバンドでトロンボーンを吹いていたけど、シンコペーションしたリズムを初めて聴いて猛烈に感動した、と言っていた。彼は１９３２年生まれで、敗戦後にカルチャー環境が復活していく＆アメリカの音楽や映画がどんどん入ってくる時期と、思春期の始まりがタイミング的に合致していたっていう。

パンス　終戦の翌年、１９４６年に入る頃には出版文化が華やぎます。カストリ雑誌から人文系まで大量の雑誌が創刊／復刊し、流通するようになりました。のちに「ガロ」を創刊する編集者、長井勝一は当時露店で本を売っていたんですが、本といっても、印刷所に残っていた物をグチャグチャに合わせて製本しただけという代物で、全く書籍のテイをなしていなかったそうだけど、それでも飛ぶように売れた、と書いています（『「ガロ」編集長』筑摩書房）。

また、カストリ雑誌にはカウンター・カルチャーの雰囲気が満載だったと、よく言われます。抑圧から解放されて人々が飛びついたのは肉体や性といったトピックで、その後の戦後文化を基礎付けました。

１９４６年総選挙では女性参政権が認められ、女性の候補者も多く出ました。またこの時期に重要なのは、数々の労働争議。１９４７年1月に「2・1ゼネスト」が宣言され、革命一歩手前の状況が現出するものの、マッカーサーの一声によって直前に中止されるという事件が起こります。

翻弄される「革新」

コメカ　この「2・1ゼネスト」で、「解放軍規定」の問題が出てくるわけね。治安維持法によって戦前から投獄されていた日本共産党の徳田球一や志賀義雄は、ＧＨＱによって釈放された際に発表した『人民に訴う』において、「ファシズム及び軍国主義からの、世界解放のための連合国軍隊の日本進駐によって、日本における民主主義革命の端緒が開かれたことに対し、我々は深甚の意を表する。米英及び連合国の平和政策に対しては我々は積極的に之を支持する」と記述している。「天皇制を打倒して、人民の総意に基く人民共和政府の樹立」という目標のために、GHQと協力していけるんだ、というビジョンだったわけだな。しかしGHQがゼネストを強制的に中止させた＝労働者・労働運動を抑圧したことに、共産党は衝撃を受けることになる。

パンス　占領軍によってそれまで獄中にいた共産党指導者が解放されたため、アメリカを「解放軍」と規定してしまったことも、日本独特のねじれを象徴しています。最初は革新勢力に寛容だったGHQも、冷戦の影響で徐々に切り崩しのほうに態度を変えていくわけで、その後も含め、日本の「革新」はずっと時代に翻弄されているような側面があります。「2・1ゼネスト」のきっかけにもなったのが、吉田茂が労組などに向けて言い放った**「かかる不逞の輩が国民中に多数あるものとは信じませぬ」**という発言ですね。

コメカ　「政争の目的の為にいたずらに経済危機を絶叫し、ただに社会不安を増進せしめ、生産を阻害せんとするのみならず、経済再建のために挙国一致を破らんとするがごときものあるにおいては、私はわが国民の愛国心に訴えて、彼等の行動を排撃せざるを得ないのであります」。しかし「不逞の輩」ってのもすごい表現だな。今でも日本では「サヨク」的なものが漠然とそういうイメージを持たれたりしてるけど。46年12月には労働組合が吉田内閣打倒をスローガンに掲げて、皇居前広場で大規模な国民大会をやったりしてる。その直後の発言だったんだなあ。

パンス　現代における「サヨク」とか「ウヨ」とか、ネット上で繰り広げられるイデオロギー闘争のイメージを、この時期に当てはめるのは難しいです。国際情勢も、革新勢力の存在感が違います。そういえば最近、テレビ番組で「共産党は『暴力的な革命』っていうものを、党の綱領として廃止していませんから」などと発言した弁護士がいたらしいし、その直後「70年代には平和教育なんて人気なく、戦記物が流行ってた」とか言うツイッタラーがボコボコにされたりしていましたが、いずれにしろ、今の感覚で過去のことを考えてドヤ顔をするというネット上の振る舞いに水を差す、というのを本書の裏テーマにしたいと思っています（笑）。

そんなわけで当時の運動をざっくりと振り返ってみますが、1946年の時点では、労働組合の結成が許可されたのでバンバン生まれてました。その中で生産管理闘争という手法があったんです。経営層を排除し、組合が生産手段を管理して経営しちゃうという。読売とか東芝でも実施され、激烈な闘争となったわけです。今では信じられないような状況ですが、面白いですよね。1946年5月の時点で吉田首相と閣議は生産管理を否認。手法がストに移行するなかで1947年の2・1ストという流れです。当時の労働運動は共産党や社会党がバックアップしていました。一方で、「食糧メーデー」を頂点とする民衆のデモはとにかく「メシ食わせろ」という、遠藤ミチロウ的要求が原動力です。配給される食糧は戦時下のときよりカロリーが少なかったというから相当ですね。

コメカ　食糧メーデーでは共産党員の松島松太郎が、「詔書　国体はゴジされたぞ　朕はタラフ

ク食ってるぞ　ナンジ人民飢えて死ね　ギョメイギョジ」と書いたプラカードを掲げて、不敬罪で起訴されるという事件も起こっている。「メシ食わせろ」に加えて、セックス・ピストルズ「God Save The Queen」的なものもそこにはあったと……。「日本人はおとなしい」みたいな漠然とした俗流日本人論というのが今でも盛んに語られるけど、終戦直後にここまで大きく切実なうねりが起きていたわけだな。デモ当日は25万人が集まったと言われている。しかし翌日、マッカーサーが発した「暴民デモ許さず」という声明で、運動は急激に鎮静化してしまう。

パンス　反政府ではあったものの、占領軍が「解放軍」ゆえに自分たちの運動に介入することはないという甘めの見通しで失敗してしまったようなところはあります。米ソは冷戦に突入するにあたり、自国でもレッド・パージを実施。日本でも大規模に展開されます。1949年の時点で下山事件、三鷹事件、松川事件という「三大ミステリー事件」が起こりますが、これに関しては複雑なので、のちにベストセラーとなる松本清張『日本の黒い霧』（文春文庫ほか）にお任せします。1950年にレッド・パージは本格化、同時に朝鮮戦争も開戦し、日本も自衛軍を持つよう指令が降り、共産党は弾圧され、かつソ連からの命令により非公然活動に入ります。ここで分派した「所感派」が武装闘争方針を取ったのがのちのち「暴力革命」と名指される所以ですが、1955年の「六全協」の時点でその方針は放棄しています。

パンス　憲法についても触れてみます。１９４７年5月に日本国憲法が施行。調べてみると、ＮＨＫで特別番組やったり、祝賀花火大会があったりと結構盛り上がっていました。

コメカ　ＮＨＫの特別番組なんてあったんだ！　憲法施行時点で、すでにメディア的な状況があったんだなあ……。国民としては基本的に肯定ムードでこの施行を受け止めていたということかしらね。当時の新聞には憲法改正草案がひらがな口語体で書かれていたことへの驚きが記述されていたりもする。カタカナ文語体で書かれていた大日本帝国憲法に比して、より広い層の人々が新しい憲法については理解できるようになった。ただ日本国憲法の制定は、ポツダム宣言の受諾→憲法問題調査委員会による明治憲法改正案の作成→ＧＨＱによる改正案の棄却とマッカーサー草案の提示→草案を元にした日本国憲法の作成・公布、という形で進行していて、このプロセスをもって「押し付け憲法だ」とする論が保守派によって今も主張されている。

パンス　１９４７年8月に文部省が『あたらしい憲法のはなし』を刊行、学校の教科書として使われるようになります。受け止め方には世代差があったと思います。例えば敗戦時に大人で知識階層にあたる人たちは、いちど間違った方向に行ったものの再出発として受け止めていたし、当時子どもだった人たちにとっては、ファーストインパクトのような存在だった。大江健三郎などはこのときの子どもとして、強く憲法と民主主義にこだわりを持つようになるわけです。加藤典洋『敗戦後論』（講談社）では、この「こだわり派」と、「押しつけだ」とする改憲派が両立しながら戦後が展開していく様子を「ジキルとハイド」にたとえていますね。あたかも人格のように捉える分析は、岸田秀の影響だと本文にも書かれていますが。

ラジオは戦前からこの頃にかけての代表的メディアでした。冒頭で米軍ラジオが国民にフレッシュな風を巻き起こしたと述べましたが、GHQも1945年の時点で戦争犯罪を明らかにする「眞相はかうだ」を放送させたり、フル活用していました。これで国民は初めて戦争の実態を知ることになるのでした。

コメカ　それが再出発だったのか原体験だったのかが、大きな体験差異を生んだわけだねえ。GHQは部局のひとつとして民間情報教育局＝CIEを設置してさまざまなメディア制作を指導し、なかでもラジオに特に注力していた。ドラマ仕立てだった「眞相はかうだ」に続き「質問箱」という番組も制作されていて、この番組は視聴者からの質問に淡々と回答する形式になっている（どちらの番組も、NHKアーカイブス（https://www.nhk.or.jp/archives/）で数回分を聴くことができる）。

パンス　戦後ラジオ放送が自由化されたことで、国民が政治に関心を持ったり物申したりする機会は一気に増えました。三木鶏郎のコントコーナーを設けた「日曜娯楽版」など、かなりきわどい政治風刺も出てきて、政治の側もメディアを意識せざるを得なくなってくるようになり、メディアと政治が対立したり、政治側が懐柔したりといった、現代に至る一連の流れが生まれます。吉田茂はかなり憤慨していて、佐藤栄作を通じて局に圧力をかけ続けていたそうです。

コメカ　永六輔が放送作家として活動を開始したのは、この番組へのハガキ投稿がきっかけ。視聴率が80パーセント近くまでいくようなお化け番組だったみたいだけど、圧力によって打ち切りに。番組名を「ユーモア劇場」に変えられて風刺性を弱めたものの、造船疑獄（1953～1954年、外航船建造融資利子補給法の成立、計画造船の割当てをめぐって発生した贈収賄事件。71人が逮捕され、34人が起訴された）を扱ったことで最終的に完全打ち切りにさせられたらしい。三木はNHKから文化放送に場を変えて「みんなでやろう冗談音楽」を開始するものの、吉田内閣総辞職と同時にこれも終了する。日本の戦後コメディ史においては政治風刺的な笑いは非常に希薄だけど、この時期の「冗談音楽」的なものが仮にもっと発展していたら……と想像してしまうな。占領下だったからこそ溌剌とした政治風刺が可能になっていた、というねじれた構図がここにもある。

パンス　そうそう。「日曜娯楽版」のプロデューサーは丸山鐵雄、丸山眞男の実兄です。丸山眞男を筆頭に、当時の進歩的知識人はさまざまな動きをしていました。1951年9月のサンフランシスコ講和条約で、基地など安保――「アメリカの影」を存続させながら、日本が再スタートを切ります。この頃の話題としては講和問題論争があります。単独講和か全面講和か。要は、冷戦に入っているので、西側諸国のみと講和するか、ソ連なども含めた全面講和をするかという問題が出てきたのでした。政府側は当然単独講和だが、当時の進歩的知識人は全面講和を唱えました。その主張に業を煮やした吉田茂が、全面講和論者の南原繁東大総長を名指しで「曲学阿世の徒」と非難して問題になる。

コメカ　なんか毎回強烈なフレーズで非難してるよなあ（笑）。現実政治を理解しない学者風情がごちゃごちゃ抜かすな、というニュアンスが吉田の発言のなかにはあって、しかし南原も「全面講和は国民が欲するところで、それを理論づけ、国民の覚悟を論ずるのは政治学者としての責務だ」と引かなかった。緊張関係があるんだよな。

バカヤロー解散

パンス　憲法や講和問題――安保など個別の問題はありつつ、当時の状況を広く「民主化」というタームで括るとより見えやすくなるかもしれません。1950年代前半の「都会喜劇」と呼ばれる日本映画が気になっていたのですが、最近、文筆家・梶谷いこさんが市川崑監督・和田夏十脚本『恋人』をNetflixで観られると書かれていたので早速観たのですが良かったです。洒脱な米国風ラブコメを日本で展開するというのがコンセプトですが、西洋の要素がサンプリング感覚で散りばめられていて、「自由主義的な」日常がこれでもかと描かれています。渋谷系以降に再評価されたのは至って妥当だと改めて実感させられました。冒頭クレジットの書き文字だけでも驚きがあります。むりやりつなげるならば、最近の「エモい」映画やエッセイのデザイン内で多用される書き文字に近い（笑）。

コメカ　燃え殻『ボクたちはみんな大人になれなかった』（新潮社）みたいなフォントね（笑）。基本的にはアメリカのロマンティック・コメディやスクリューボール・コメディの日本的な受容・翻案としてあったんだろうけど、占領期におけるある種のファンタジーとしてそういう諸々のプログラム・ピクチャーがつくられていたのは面白いね。

パンス　吉田茂は抜群の教養と独特のキャラクターを兼ね備えてて面白い。孫は麻生太郎だけど一緒にはしたくないものです。そんななか、追放を解除された鳩山一郎が出現し、吉田と激しい政争を繰り広げる。その最中に内閣の池田勇人通産相が「中小企業が倒産し、自殺するのはやむをえない」と失言。１９５３年には、たぶんこれが戦後初のポピュラーな失言と言えるかな……。吉田の「バカヤロー」発言で解散。

コメカ　これは有名だよなあ。西村栄一との質疑応答時の発言なんだね。大声で叫んだのをイメージしてたんだが、実際はボソッと言ったんだな（笑）。

パンス　しかもすぐ取り消してるんだけど、徹底的にフレームアップされちゃったんですね。このあと造船疑獄などもあり、国民からも不人気となった吉田内閣に代わり、鳩山一郎が首相となる。吉田はあまりメディアに顔を出さなかったのだが、鳩山はこの頃誕生したテレビにもどんどん出た。テレビで人気を博した最初の政治家といえます。

コメカ　鳩山の首相在任期間中は、まだテレビの世帯普及率は低かったものの、国産初のカラーテレビが発売されたりだとか、時代変化のはじまりの時期だったんだねえ（ちなみにテレビ放送が開始されたのは1953年）。1955年には国産初のトランジスタラジオが発売されていたり。ここでまたメディア環境が変動していくんだなー。さっきの都会喜劇にしてもそうだけど、戦時中に失われていた消費生活がまたゆっくり少しずつ回帰してくるというか。

パンス　鳩山を首相に据え、いくつかに分かれ、ときに対立していた保守系政党が1955年に合同、ここで自由民主党が作られます。そして、直前から議論になっていた憲法改正を目標としました。この頃から、憲法改正に言及する発言が出現するようになります。これをメディアや野党が「失言」と捉えたわけです。まずは保守合同直前、1955年7月、清瀬一郎文相の「現行憲法はマッカーサー憲法である」。続き自民党代行委員となった緒方竹虎「憲法改正は保守合同後の主目標」と談話。そういえばこの間『いだてん』観てたら、戦前に東京朝日新聞社の社員だった緒方竹虎役をリリー・フランキーがやっててナイスな配役でした。そして鳩山一郎も「軍備を持たない現行憲法には反対である」「自衛隊の海外派兵」などの改憲発言を連発します。

55年体制の成立と核の脅威

コメカ　改憲論がゴリゴリ表に出てくる。同年の社会党再統一と併せて、ここからいわゆる55年体制が始まるわけだね。これももう失われてから30年近く経ってるから、若い世代にはだんだんイメージが掴みにくい歴史になってきている気がするな。自民党＝保守が与党として議席の約3分の2を、社会党＝革新が野党第一党として議席の3分の1を占めていた体制。ここから40年近く、自民党が政権を独占することになるわけだ。

パンス　鳩山内閣では日ソ国交回復を達成。ここで領土問題が後回しにされたのが、現在も続く北方領土問題に繋がっていきます。続く石橋湛山首相は病気で倒れてしまったため65日間の在任期間でしたが、戦前は反ファシズム、小日本主義で通したジャーナリストでもありました。かつての自民党にはそういう人もいたのでした。もし長く続けていたらどんな戦後日本史になったのか考えてしまいますね。石橋に代わって首相となったのが、安倍晋三の祖父でもある岸信介。

コメカ　「昭和の妖怪」。戦後は公職追放されていたけど、逆コース（アメリカの対日占領政策の転換に伴い進行した、日本の民主化・非軍事化に逆行する一連の社会的な動き・政策）のなかで復帰、日本再建連盟結成〜自由党入党〜日本民主党結党〜保守合同時に自民党初代幹事長に就任、という流れから首相になると。岸は自由党入党時に憲法調査会会長に就任してるけど、その際吉田茂は「俺も今の憲法は気にくわないけれど、あれを呑むよりほかなかったのだから、君らはそれを研究して改正しなきゃいかん」と言ったらしい。宏池会に繋がる吉田の経済優先・軽武装路線と、十日会〜清和会に繋がる岸の改憲自立・重武装路線とがその後の自民党内でそれぞれ大きな流れになっていくわけだけど、その原点の自由党時代にこんな会話があったというのは面白いね。

パンス　岸就任後、5月にはもう「自衛の範囲内なら核兵器の保有も可能だ」という旨の答弁をしていますね。それから数十年後、孫の安倍晋三は早稲田大学の講演（２００２）でこの発言を擁護している。

コメカ　「われわれは他から侵略される場合において、その侵略を阻止するという性格のもの以上を持つということは、これは憲法が禁止しておることであり、憲法に反することである。そこのにらみ合せの問題でありまして、ただ核兵器と名がつくから一切いけないのだと、こういうことは私は行き過ぎじゃないかと、こう思っております」。詭弁って感じだけど（笑）。岸はその後すぐに、核武装の意を持っているわけではないと弁解したみたいだけど、当時の自民党内でもやっぱり核武装論者が多かったみたいだね。東西冷戦下における核兵器や全面戦争への危機感・プレッシャーっていろんな文化表現にも頻出していたけど、個人的には実は後々になるまでその感覚ってあんまりよく実感できなかった。いろいろ本を読んだりするうちに、あ〜そういうリアリティがあったんだなあとだんだん分かったっていうか。世代的なものもあるのかなとも思うけど。

パンス　核兵器の危機が広く叫ばれたり、反核運動が展開されるのは、じつは広島・長崎から少し時間が空いています。日本においては1954年の第五福竜丸事件が直接的な契機になったと言われている。放射能に汚染されたマグロが確認されたことでひとつのパニック状態が起こったのでした。ちなみに手塚治虫『来るべき世界』（1951）はそれよりかなり早い。朝鮮戦争の頃に書かれたのだが、核実験を冒頭に置き、「ウラン連邦とスター国」という設定で冷戦をモチーフにしてる。

コメカ　SFが扱うモチーフとして格好の素材だったわけだなあ。核戦争＝最終戦争、荒廃後の世界、みたいなイメージは、いま現在に至るまでサブカルチャー表現のなかに頻出するしね。

パンス　手塚治虫にとってはメッセージが前提というか、岩波文化的な教養主義を分かりやすくして伝えていたような側面がある。そういうアプローチが減ってきちゃったのがのちのサブカルチャーだとも言える。核戦争的なモチーフはやがて美学的な方向に回収されていくので。

太陽族と石原慎太郎の登場

パンス さて、50年代後半の文化を考えると、もうひとつ「太陽族」というものがあります。無軌道なブルジョア子弟による「若者文化」の始まりとも言えます。

コメカ 「太陽」の語は、芥川賞を受賞した石原慎太郎『太陽の季節』（新潮社）に由来する。無軌道で享楽的な、ブルジョワ家庭の不良少年たちを指す、と。『太陽の季節』は日活によって映画化されて、石原の実弟・裕次郎もこの作品への出演で映画デビューを果たしている。石原慎太郎は今では忘れられた極右老人って感じになっちゃったけど、当時はこんなメディアミックスみたいなことまで仕掛けちゃうような、若き俊英作家だったわけですね〜。戦後ユースカルチャーというか、若者の一群が「族」として対象化されるのって、これが最初なのかな？

パンス と、言えるでしょう。ここで考えたいのは、アメリカという存在が戦後日本に及ぼした影響だ。ってすでに語られ尽くされてるけど、あらためて確認したい。テレビなどのメディアを通じて伝わった「アメリカ」がある一方で、「現場」から伝わり変容したアメリカもあるよなあとよく思います。吉見俊哉の指摘が面白いです（吉見俊哉「アメリカ・占領・ホームドラマ」「戦後日本スタディーズ①」紀伊國屋書店所収）。米軍関連の施設はＧＨＱがあった日比谷と、米軍最大の拠点である横須賀の間に分布しているという話。六本木・原宿、城南を経て横浜、厚木や座間、立川など神奈川へ。とくに地域生活と密接だったのは湘南海岸沿いにあった基地施設。「チガサキ・ビーチ」と呼ばれた演習場は、やがて太陽族の遊び場になった。湘南イメージは観光産業とも連動しつつ、その後加山雄三、サザンオールスターズ、湘南乃風といった音楽で送り出される。

コメカ　マスメディアが広範囲に伝播させた「アメリカ」と別の水位で、「アメリカ」が具体的に変えた土地空間と、そこから生まれた文化がある、ということだなあ。横須賀米軍基地周辺でのロック・ミュージックにまつわる磁場の形成についてもよく語られるよね。後年、広島からやってきた矢沢永吉もそこに辿り着いていたりする。彼はそれこそラジオ＝「メディア」を通して体験したロックンロール・カルチャーに触発されて、「現場」に踏み込んでいったわけだ。

パンス　同じ頃ロカビリーの流行もありました。『日本ロック大百科』（宝島社）を見ると、「文藝春秋」1958年4月号、ミッキー・カーチス、山下敬二郎、大江健三郎、大宅映子（大宅壮一の娘）らによる座談会が転載されている。大宅映子は当時17歳で、父がラジオなんかでロカビリーをやってる奴は白痴のようだなんて話すのを聞いて家で喧嘩したりしてる。ユース・カルチャーの構図が明確に出来上がり始めて、この流れが全学連とも連動し、若者による社会運動への参入が顕在化したのが60年安保だった。全学連は「赤い太陽族」とか「赤いカミナリ族」なんて呼ばれていたそうです。

コメカ　このあたりから、今の社会状況にも繋がる構図が出来上がってきている感じがするなあ。ただ70年安保に関してはユース・カルチャー、ひいてはサブカルチャーの角度から言及されることが今でもよくあると思うんだけど、60年安保に関してはそういう文脈から振り返られることが今ではすごく少ない気がするんだけど、そうでもないかしら？

パンス　うんうん。少ないよね。70年前後と比べると間接的な影響だったというのもあるけど、当時の担い手だった人がその後そんなに「サブカルチャー」ぽくなくなってしまったというのも大きいかもしれないです。例えば1958年、警職法反対運動の中で集まった文化人たちによる「若い日本の会」のメンバーは、石原慎太郎、谷川俊太郎、江藤淳、永六輔、黛敏郎、寺山修司など。のちに保守派に転じてしまう人が、この時期では「若い」っていうイメージで混ざっているのが面白い。

コメカ　なんか今見ると、このメンツで一応連帯できたってのがすごい（笑）。大江健三郎と石原慎太郎が同席してるんだもんな。石原は、自分は議会の民主的運営を求めただけで反安保ではなかった、みたいなことを後年言ってるけど。石原より少し下の世代でも、当時東大生だった西部邁みたいな人が、60年安保に参加したあと右旋回しているね。

パンス　のちに保守主義者となる西部邁と、のちに中核派議長になる清水丈夫が60年安保の際、腕を組んでデモをする写真なんてのもあります。清水は長らく姿をくらませていたけど、去年いきなり出現して話題になったね。そんな学生たちと、それまで形成されてきた労組がひとつのイシューに向かっていくのがこの頃の状況だった。そこで首相の岸信介の発言を引くと、「デモは騒がしいようだが、神宮球場は今日も満員だ」「私は『声なき声』に耳を傾ける。いまは『声ある声』だけだ」の二つが有名です。このテーマは現在に至るまで、社会に異議申し立てするときに考えざるをえない。

コメカ　サイレント・マジョリティは安保に対して反対しておらず、自分たちを支持している、と岸は言ったわけだな。ちなみに安倍晋三は２０１８年の年頭記者会見で、「声なき声にしっかりと耳を傾ける。これまで以上に感覚を研ぎ澄まし、わが国の進むべき道を見定める」と、この「声なき声」っていうフレーズを使っているんだよねえ。多数派の声を代弁しているのが自分たち（＝自民党）なんだ、社会運動に身を投じて反抗しているような奴らは単なる一部の独善的な層に過ぎない、みたいな論法は今でも広く通用している感がある。戦後日本社会のマジョリティ感覚は基本的に生活保守的なものだっていうのは、実際その通りではあるし。

パンス　そういやサンプリングしてたんだな（笑）。そのあと「こんな人たち」っていう直球の発言も出てきちゃうし。

コメカ　岸の場合は老獪というか、戦略として言ってる側面もあるわけだけど、安倍の場合は素朴にこういう世界観を信じ込んでいる感じがして、ある意味でより怖いんだよなあ……。まあ別に自覚的に言ってるなら良いのかっつったら、そんなことも全く無いんだけど……。昨今の日本社会での、マイノリティ軽視によって生まれている様々な問題と直結しているよねえ。

パンス　高度経済成長期の日本の風景はいろんな物語の題材になりますが、その時代に具体的にどんな政治が展開されていたかはあまり共有されていないように思います。イケダハヤトと聞いたら今はイケハヤ氏のほうをみんな先に思い浮かべるのではないかな。安保自然成立から岸退陣のあとに首相になった池田勇人は、就任後すぐ「所得倍増計画」を打ち出しました。前述した通り失言でも知られた存在でしたが、首相在任時には国民の安定した支持を受けています。「10年間で所得倍増」なんて、今思うと夢のようですが、実現させているのですね。しかしそれは池田の手腕というより、それ以前の神武景気、岩戸景気などを受け、元からそういう見通しが立っていた上での政策だったのです。だからと言ってフェイクだなんてこともなく、分かりやすく政策を打ち出すことで国民の雰囲気やモチベーションも変わるというのは重要です。公共事業費、社会保障費を伸ばし、新産業都市建設促進法により、日本各地に工業地帯を作り重化学工業を促進。

コメカ　現在の宏池会会長である岸田文雄は、自民党総裁選への出馬にあたって令和版「所得倍増計画」を掲げていた。派閥の祖である池田へのオマージュって感じだね。まあその直後の衆院選公約ではあっさり言葉が消えていてツッコまれまくっていますが……。自民党ハト派は今ではすっかり影が薄くなっちゃったけど、宏池会的な党内リベラルこそがかつては自民党「保守本流」だった。立憲民主党の枝野幸男も、「日本における左派の定義は、国際的なものとは違うと思います。それに所得分配政策は、それこそ自民党の保守本流もやってきた。その分配政策に重要度を置くという意味では、私自身は宏池会の思想的な流れにある。あるいは石橋湛山の流れにあると、自分は思っています。彼らを左派とは言わないですよね」なんて発言したりしている。

パンス　同時期の社会党にも変化がありました。1960年、浅沼稲次郎委員長が右翼テロによって暗殺されます。これをモチーフとした大江健三郎の「セヴンティーン」「政治少年死す」（『大江健三郎全小説3』講談社所収）は有名ですね。性と自意識と右翼思想。サブカルについて考えたい人は必ず読むべき作品だと断言しちゃいます。で、その後委員長に就任した江田三郎らが「構造改革」を打ち出しました。のちに小泉純一郎が同じ単語を使うので、もはやその印象しかないですが、内容は全然違います。1962年に提起された「江田ビジョン」は、ソ連や中国とは違う社会主義を打ち出すとして、アメリカの高い生活水準、ソ連の社会保障、イギリスの議会制民主主義、日本の平和憲法を軸とした構図を出しています。しかし、これが社会党左派からは非難され、実現はしなかったんですね。お手本としてアメリカを出しちゃうというのは当時の社会主義の常識としてはあり得ないビジョンでしたが、これが社会党の政策になっていたら、おそらくその後政権を取る可能性はかなり高かったでしょう。

コメカ　池田自民党の「所得倍増計画」に対抗するビジョンを提示しなければ、というモチベーションもあったわけだよね。たしかにこの時点で社会党が「江田ビジョン」的な社会主義像、実質的に社民主義路線に繋がり得る方向に舵を切っていれば、政権獲得できたかもしれない。

パンス　江田三郎は77年に社会党を離党、社会市民連合（のち社会民主連合）を創立する直前に急死しますが、それを継いだ息子の江田五月は、その後民主党リベラルの代表的な存在に。菅直人も社民連出身です。今年（２０２１年）、枝野幸男が『枝野ビジョン』（文春新書）という本を出しましたが、江田ビジョンを意識していると思うんですが、どうなんでしょうか。ツイッターで検索しても同じような指摘をしている人は３人くらいしかいなかったですね。と思ったら岸田文雄も『岸田ビジョン』（講談社＋α新書）という本を出してました。

さて、経済成長の時代の一つの極点として、１９６４年東京オリンピックがありました。次章ではそこからの社会と「失言」を見ていきます。

第二章　高度経済成長の時代　１９６４〜１９８８年

1965年 ■ベトナム北爆には理由があり、爆撃される方にも責任がある（佐藤栄作　5月31日　衆院予算委員会にて）

1966年 ■沖縄が攻撃されれば、日本も防衛に参加する（佐藤栄作　3月10日　参院予算委員会にて）

■原潜が寄港するのを毒虫か毛虫が入ってくるように言うのは間違いだ（椎名悦三郎　5月25日　衆院外務委員会にて）

■急行の一本や二本停車させても不思議はない（荒舩清十郎　9月）

1968年 ■現行憲法は他力本願（倉石忠雄　2月6日　記者会見にて）

■大学紛争で大学の一つや二つはつぶれても仕方がない（11月20日　日本商工会議所でのあいさつにて）

1971年 ■公害など風で吹き飛ぶ。カドミウム汚染米は心意気で食べるべきだ（荒木万寿夫　1月6日　講演会にて）

■佐藤栄作さんは財界のちょうちん持ち、財界の男メカケだ（青島幸男　3月29日　参院予算委員会にて）

1972年 ■社会党、共産党は日当五千円で学生を暴れさせている（荒舩清十郎　1月8日　後援会主催の旅行中）

■偏向的な新聞は大嫌いだ（佐藤栄作　6月17日　記者会見にて）

1977年 ■これを書いたのはＩＱの低い人たちでしょう／補償金が目当ての〝偽〟患者もいる（石原慎太郎　4月　記者会見にて）

■自分のとこの新聞に載らない原稿が『赤旗』に載る（石原慎太郎　8月　月刊誌のインタビューにて）

1978年 ■超法規的行動（粟栖弘臣　7月　週刊誌にて）

1983年 ■日米は運命共同体（中曾根康弘　1月18日　日米首脳会談にて）

■日本列島不沈空母化（中曾根康弘　1月19日「ワシントン・ポスト」紙にて）

■病は気から／気持ちさえしっかりしていれば病気は治る／日本は単一民族だから泥棒も少ない」（中曾根康弘　8月6日　記者会見にて）

1986年 ■金を使うより金を集めるほうが大変なんだ。毛針で釣られる魚は知能指数が高くない。うちの党はちゃんとエサをつけている。毛針で釣られる魚も多くなったが過半数になると国家はだめになる」（渡辺美智雄　3月1日　講演会にて）

■米国には黒人やプエルトリコ人がいるから、日本より知的水準が低い（中曾根康弘　9月22日　講演会にて）

■日本は単一民族だから教育水準が高い（中曾根康弘　9月24日　記者会見にて）

■アイヌと日本人は相当融合している／私なんかも眉毛が濃いし（中曾根康弘　10月21日　参院本会議にて）

■日韓併合は韓国側にもいくらかの責任がある（藤尾正行　9月　雑誌取材にて）

1988年 ■向こうは黒人だとかいっぱいいて、アッケラカンのカーだ（渡辺美智雄　7月23日　自民党のセミナーにて）

パンス　先日2020年東京オリンピックが終わったけど、僕は1964年東京オリンピックあたりの時代について調べる日々でした。今回の閉会式を観てても「上を向いて歩こう」が流れたり、この時期がいまだに理想の時代として位置付けられているようです。そんな理想の極点としての1964年で区切ってみました。政治的には、ちょうどオリンピック前後に、高度経済成長を支えた池田勇人が病気で退陣して、佐藤栄作に変わったんですね。で、ここからの話題の中心は、ベトナム戦争など。そしてスチューデント・パワーという言葉がある通り、60年安保の頃よりさらに「若者」が社会の主役として躍り出るようになる。いわゆる「団塊の世代」にあたる人たちです。

コメカ　「上を向いて歩こう」が流れるのを観て、2020東京オリンピックって、64年のそれを結局いまだになぞってしまっている感じがしたんだよなあ。この64年あたりからの諸々の動き（「上を〜」みたいなポップカルチャー以外にも、全共闘だったりカウンターカルチャーだったりも含めて）が遺したインパクトっていうのが、戦後日本の歴史のなかで良くも悪くも大きな爪痕になってるんだなあと改めて思ったな〜。

パンス　1964年東京オリンピック前後の日本社会や文化について、以前自分のブログにまとめたことがあります。せっかくなのでこちらにもいくつか記しておきます。『1964年の東京オリンピック』（河出書房新社）に、当時の文化人たちによる記録がいろいろとまとまっているんですね。それを読むと、2021年のように、オリンピックにうんざりしている層もいたことが分かります。松本清張は「こんど、東京にオリンピックがはじまってもなんの感興もない。ただ、うるさいというだけである。何かの理由で、東京オリンピックが中止になったら、さぞ快いだろうなと思うくらいである。」と、ずいぶんやる気がない感じです。この直後にベ平連を創立した小田実も批判しています。（懸命なアスリートもいれば、昼寝でもしてたいという人もいるのを認めたうえで）「オリンピックとなると、そうもいかなくなるらしい。そういかなくさせるのが「政治」だろう。「政治」は後者のヒルネ組をまるで「非国民」扱いをする。ヒルネ組の住まうところをないがしろにする」。オリンピックは東京という都市の風景を大幅に変えました。他の多くの開催地同様、オリンピックの名のもとに人々の土地を奪い、浄化を進めていました。開催期間中に行われた赤瀬川原平らハイ・レッド・センターによる「首都圏清掃整理促進運動」は、突然路上を念入りに掃除しだすというパフォーマンスで日本の現代アート史に名を残しています。

三島由紀夫がオリンピックを大絶賛しているのも興味深いです。当時の記事では開会式やアスリートの様子を豊かな表現で描写し、ハマりまくっているさまが伝わります。ナショナリストとしての傾向を見せる直前の三島の姿です。開会式で天皇入場の際に流れた黛敏郎「カンパノロジー・オリンピカ」は電子音楽の礎でもあります。三島はこの音楽を「じつに不似合なものだった」と厳しいですが、大江健三郎は「梵鐘を基調にして電子音の効果をくわえた音楽、それはなんとなく人を喰った陽気なところのある、そしてまた梵鐘らしく陰陰滅滅としたところもある、おかしな電子音楽だ。それは微笑をさそう」と、的確にレヴューしています。そんな黛自身は、その後、憲法改正を目指す「日本を守る国民会議」の代表としても名を馳せるのですが。

コメカ　江藤淳も「日本と私」(『江藤淳コレクション〈2〉エセー』ちくま学芸文庫所収)において「いま日本は世界だ。世界は日本をとりかこむ敵意にみちた「他人」ではなくて、いま日本のなかに存在し、その中心に敬礼している」「「平和の祭典」という表向きの看板のかげで、なにか日本人にとってだけ意味のある秘密の儀式が進行している。私はその儀式のなかに吸いこまれ、昂奮のためにほとんど性的な充足を感じている」「しかし、開会式が終ってテレビを消したとたんに、この「国家」は水にもぐった鯨のように姿を隠して、そのままどこかに行ってしまったようだ」と、テレビ鑑賞した開会式がまるで日本が世界を包み込み一体化するような儀式に感じられたこと、しかしテレビを消した途端、それが他者性を欠いたファンタジーに過ぎないと気づかざるを得なかったことを書き残している。まあ2021年の開会式は、そういうファンタジーを抱くことすら難しいお粗末なものだったけれども……。

パンス　このちょっとあとから、世界的に政治の季節になってきて、よく知られているように日本でも学生運動が盛り上がります。この頃に話題となっていた主要な政治イシューを挙げていくと、まずはベトナム戦争に日本が絡むかどうかが問われていました。そして中国の核実験もあり、引き続き核の問題。１９６５年には日韓基本条約が結ばれて、国交が樹立される。そういえば先日、日本の極右に韓国の情報機関が協力していたというニュースが報道されてネトウヨが衝撃を受けていたけど、なにを驚いているのかという感じでしたね。戦後史をひもとけば、そもそも自民党と軍事政権時代の韓国は大の仲良しだった。その始点がこの頃にあります。

過去の単純化

コメカ　佐藤内閣は64年から72年まで続いていて、歴代内閣でも第3位の長さ。東京オリンピックの年に首相就任し、あさま山荘事件の年に退陣すると……。でまあ、「ネット民」的なレベルで広く浸透してる政治観って、正直言って右派左派ともに90年代〜ゼロ年代以降の急ごしらえみたいなところがあるから、近過去の基本的な歴史すら共有されていないってのはあるかも。さっき言ったような文化イメージの爪痕はかなりクッキリ残っちゃってるのに、日韓関係含めたこの頃の国際関係についての理解はぜんぜん残ってないというか。

パンス　過去について知ると、物事を考える上での引き出しが増えていいよって僕は思うんです。今起こっている問題も、過去に似たような問題があったり、過去からの延長だったりしますし、過去の時点でいろんな意見が出ているので、それを使うこともできますし。そうすると自然と歴史への敬意のような感覚が生まれてきますし、現代をできるだけ客観的に見て、解答を出すことにも繋がるのではないかと考えています。まあそんなもんは知らん、今が第一なんだと言われてしまったら返す言葉がないのですが……。

コメカ　今はネット上で時事ネタ大喜利が常時繰り返されているような時代だからね。リアルタイム・コミュニケーションの価値が高騰してるから、「今が第一」的世界観に誰もが陥りやすくなってると思う。過去や歴史にアクセスして参照項を増やすことよりも、今この瞬間にどれだけアテンションを集められるか、どれだけ大きいバズを起こせるか、ってところに関心が集中してるというか。

パンス　歴史意識が希薄になる故の問題は、過去が単純化されてしまうことですね。変に理想像を期待したり、逆に全部ダメだったと切り捨ての対象となったりする。そして、後年になって物語化すると言うか、上書きされる傾向があります。歴史とは共同体の記憶ともいえるので「物語化」を一概に否定することはできませんが、歴史修正主義にも繋がります。1966年にビートルズが来日しますが、その頃の若者はみんなビートルズを聴いてたみたいな話とか。ただまあそんな風に個人の中で上書きされて、その記憶を大事にするのはそう責めることもなかろうと思います。しかし、「実は違ったんじゃないの?」「いやそうじゃなかった、実は、」と言った具合にさらに突っ込んでいくのが歴史を知る醍醐味だと思います。とはいえ、「実は」を繰り返しているうちに陰謀論に飲み込まれたりもするので、これもまた難しいところですが。

コメカ　まあ2010年代というのはそれこそ、実際に起きた出来事よりも物語の方が重要だ、という態度が多くの人によって（無意識に）選択された時代だったわけだからな。ポスト・トゥルースなんて言葉も流行しました。ただ実際のところ、人間は現実を物語のような形である程度圧縮・単純化しないと把握できないわけだから、なかなか難儀な問題ではある（現実や歴史そのものは情報量が膨大すぎるので、人がそれをそのまま把握・記録することは困難）。ただ、だからこそ歴史について「実は違ったんじゃないの？」「いやそうじゃなかった、実は、」というような議論や検証を繰り返して、それを掘り続ける努力が必要だ、というのはあると思う。

パンス　そこでこの頃の失言なんですが、ベトナム戦争に突入するにあたり、軍事関係が多いです。1965年5月には佐藤栄作が「ベトナム北爆には理由があり、爆撃される方にも責任がある」と発言。1966年3月には同じく佐藤が「沖縄が攻撃されれば、日本も防衛に参加する」と発言。ベトナム戦争をきっかけとして、日本の軍事基地化への懸念がさらに巻き起こり、当時の学生たちが政治に異を唱える重要な動機になっていた。高度経済成長のなかでただ暴れてたという後年からの印象にとどまらない、明確な理由があったんですね。

コメカ　しかし「爆撃される方にも責任がある」ってすごい言い草だな。親米保守の面目躍如って感じはするけど。「イラクが査察を認めていれば戦争は起こらなかった」と言った小泉純一郎みたい。

パンス　ただまあ、米国一辺倒というよりは、非常に慎重な交渉も行っていたといえます。政権末期に沖縄返還を実現しています。ここで、基地にあった核兵器をどうするかという焦点が生まれ、「核抜き」返還かそうでないかという議論になりました。１９６９年の佐藤・ニクソン会談で「核抜き・（基地）本土並みで１９７２年に沖縄施政権返還」という声明が発表されます。

テレビの普及と学生運動

パンス　東京オリンピックの頃には一般家庭にもテレビが普及してきて、テレビを通して社会を把握するのが定着していました。ベトナム戦争関連の番組も多く、反戦的な内容に対しては自民党が圧力をかけていたと言います。テレビ局が身体を張ってそういった番組を制作するような流れから、田原総一郎のようなディレクターも出てきました。

コメカ　田原は64年に東京12チャンネル（現テレビ東京）に入社して、突撃ドキュメンタリーみたいな番組をいろいろ作っていた。ちなみに60年代は『夢で会いましょう』『シャボン玉ホリデー』みたいな日本の「テレビバラエティ」史の起源とも言える番組が生まれた時代でもある。69年の『巨泉×前武ゲバゲバ90分！』みたいなナンセンス・コメディ番組も生まれたり。いま現在に至るテレビメディア環境の直接の源流みたいなところがある。

パンス もう少しあとになって1968年、倉石忠雄農相の「現行憲法は他力本願、軍艦や大砲がなければダメだ」と言う失言もありました。これは当時、米国の情報収集艦が北朝鮮に拿捕されるという事件があり、それを受けての発言です。野党からの追及を受けて辞任しています。

コメカ 加藤典洋『日本の無思想』（平凡社ライブラリー）では、この倉石発言を最初の「戦後日本型失言」としている。倉石は「自分の主張は間違っていない」が、「理想は理想として、国民のための予算成立を急がねばと思ったから」辞任する、と言ったわけだ。加藤はこれをホンネ（「自分の主張は間違っていない」）とタテマエ（前言撤回し辞任する）の二重思考であり、本来信念であり得ないホンネ（それが信念であるのなら、前言撤回した時点で信念として成立しなくなる）を、信念として承認してしまっている共同性が戦後日本にはある……と論じている。戦後日本というのは信念や本心といったものの感触を忘れてしまった空間なのだ、と。

パンス 政府は核実験に対しては抗議していたけど、いっぽうで原子力発電所の建設は精力的に進めていました。軍事と核がクロスする問題としては、原子力潜水艦の寄港問題もあります。反対運動が巻き起こるなか、椎名悦三郎外相は１９６６年５月「原潜が寄港するのを毒虫か毛虫が入ってくるように言うのは間違いだ」と発言して問題に。なんとも微妙な比喩ですね。椎名悦三郎は岸内閣では官房長官も務め、タッグを組んでいたような存在でした。その手腕に反してとぼけたところもあったようで、外相時代に「アメリカは日本の番犬である」と発言、それを野党に咎められると「あ、間違いました……番犬さまでございます」と返して笑いを取ったなんてエピソードもあります。

当時の原潜寄港反対運動のなかでも有名なのが、１９６８年の佐世保エンタープライズ反対闘争ですが、学生時代の糸井重里も参加していたとか。

コメカ　自分は学生運動で5回逮捕された、みたいな旨の発言を糸井は後年しているけれど、彼にそういうバックグラウンドがあることにも近年あまり言及されない。67年の羽田闘争にはビートたけしも参加していたり（熱心に運動をやっていたわけでは全然なかったみたいだけど）、70年代以降サブカルチャー・ヒーローになっていく人たちのなかにも、この時期運動に首を突っ込んでいる人が多いね。

パンス　学園紛争に関する政治家の失言もあります。１９６８年11月には灘尾弘吉文相が「大学紛争で大学の一つや二つはつぶれても仕方がない」と発言。この時点で大学の機能はかなりマヒしていたので、このような意見も出てくるようになったのでした。１９６８年10月には、佐藤首相が日大闘争に対し、「政治問題として対処する」と言っています。

それからしばらくして1972年1月、荒舩清十郎衆院議長は「社会党、共産党は日当5000円で学生を暴れさせている」と発言。後援会の人たちとの雑談で語ったという内輪向けの発言だけど、社共両党に厳しく追及されて辞任に至っています。社会運動をやってる人が「日当をもらってる」というデマは今でもネットによく書かれるけど、この頃からあったんですね。

コメカ　うわ、こんな昔からあったのか！　めちゃくちゃクラシックなデマなんだなあ。「あいつらは金目当てで動いているんだ」みたいな構図にするのが、今も昔も一番納得感を喚起しやすいやり方なのかしらね。

パンス　ちなみに荒舩は、1966年運輸大臣時代に、自分の選挙区（高崎線深谷駅）で急行を停車させるために、国鉄にダイヤを改正するよう裏で働きかけていたという出来事を暴露されています（笑）。そのときも「急行の一本や二本停車させても不思議はない。私のいうことを国鉄がひとつぐらい聞いてくれてもいいじゃないか」と失言してるのでした。裏で手を回してるのはどっちなんだっていう。いかにも昭和なダイナミズムのある事件。

コメカ　これもあまりにもクラシックな利益誘導スタイル。こういう「よっしゃよっしゃ」的な金権政治は、現代では表立ってやると嫌われるよね。政界実態としては「お友達」への利益供与に溢れてるんだけど、表向きには「改革してます！」「緊縮してます！」みたいな感じにしてないと反感を買う。「昭和ダイナミズム」こそが悪、みたいな感覚というか論調があるよな〜。

パンス　いわゆる「黒い霧」事件の一つです。佐藤政権下で、自民党のさほど大物でもない政治家によるこうした利益誘導政治が幅をきかせた時期があったのでした。松野頼三農相が新婚の娘夫妻と官費を使って外国旅行をしたり、上林山栄吉防衛庁長官が地元の鹿児島県で自衛隊音楽隊を従えてパレードしたりとか、いかにも「昭和ダイナミズム」な出来事が頻発します。自民党による、農村や業界団体を基盤としてカネが飛び交うやり方は定番でした。経済成長の裏ではそのような要素があり、70年代から平成にかけて徐々に「改革」されていくのですが、第二次安倍政権を見てると、規模こそショボくなったものの、結局根本は全く改善されていないな〜と実感する事しきりですね。

コメカ　しかし、こうして歴史を辿っていくと当時の金権政治ぶりにウンザリとはさせられるんだが、いま現在のあらゆる領域における劣化・崩壊ぶりと比較したとき、55年体制下の方が相対的には安定した状況・構造であったように、ついつい見えてしまうんだよなあ。

パンス　55年体制そのものが安定をもたらしていたかというと、ちょっと難しいですね。さまざまな要素があります。この時期は農村から都市に人口が流入していました。先に述べた農村基盤が揺らぎます。都市の労働者層が増えて、彼らは社会党や公明党の支持に回ります。あと、この頃は革新自治体と呼ばれるように、自治体レベルでは美濃部亮吉都知事を筆頭に社会党・共産党系の知事の調子が良かった時代。1973年には六大都市すべてが革新系となります。今は主要都市の首長がことごとくポピュリスト系になっていると考えると隔世の感がありますね。

社会の安定と労働運動の退潮

パンス　労働運動を見てみると、60年安保の頃までは政治と労働運動が不可分だったのだが、経済成長を受けて、政治的な側面は縮小傾向となり、労使協調路線となる。要するにパイがでかいから働く人にも分配ができていたということです。そうなると一般の大人からみたら、社会を変革する動機がなく、マイホーム至上主義になるのは必然でした。70年代、田中内閣以降だと、自民党の保守本流が「中道保守」的になります。田中派→経世会という流れと、大平正芳などの宏池会の流れが共存しており、福祉社会的な政策に力を入れます。

コメカ　現在の自民党最大派閥である清和会は、この頃は非主流派だったわけだね。福田赳夫は田中角栄の怒涛の買収工作で、ポスト・佐藤の首相の座を奪われてしまう。その後も続いたいわゆる「角福戦争」での恨みを、福田の弟子小泉純一郎が後年晴らすことになると……。で、実際この時代って、体制内である程度真面目に頑張っていれば生活レベルが向上していくわけだから、生活者として生きようとする場合、体制変革を望む動機がたしかに希薄になっていく。60年代末の広義のカウンターカルチャーというのはだから、もっとそういう（果ては生活保守感覚にも繋がっていくような）小市民的な了見の外側＝「本当のこと」みたいなものへの渇望や情熱というのが、強くあったとは言える。それがまあ人によって戦後日本の政治的欺瞞の打破だったり、アートやロック・ミュージックの追求だったり、顕れ方はいろいろだったんだろうけども。

パンス　豊かになっていく雰囲気を若者も理解してはいたけれども、それでも変革しなければいけないというジレンマの中で、結果的に理念先行になって自意識に走ったり、直接的に政治的な行動はやめて文化表現に行ったりなど、いろいろなパターンが生まれたと言えます。なので当時の運動は、その後のサブカルチャーに直接繋がっている側面があるというのが僕の考えです。そして、理念型のまま悲惨な結末を生み出してしまったのが、連合赤軍によるあさま山荘事件だと言えるでしょう。その後の社会運動自体の流れや、運動に対する市民のイメージに大きな転換点を与えた。いま手元に「週刊現代」増刊の『連合赤軍事件』（講談社）という本があるんですが……、これ面白いんですよ。梶原一騎とか王貞治とか、当時のいろんな有名人が事件に対してコメントしていますす。のちの時代に首相になる人たちも勢揃いしているので、失言からは離れちゃうけど、参照しがいがある。

コメカ　面白そう。つうか、王貞治の見解が気になるのだが……。

パンス　王貞治は「犯人を殺したとしてもしかたがないな」と言っています……。梶原一騎は「根性に驚いた」と犯人を褒めているという（笑）。赤軍派の田宮高麿は1970年、よど号ハイジャック事件の時点で「我々は明日のジョーである」と、梶原一騎（高森朝雄）原作のマンガを引用した文書を残しているし、梶原自身もちょっと意識していたのかもしれません。

コメカ　「犯人を殺したとしてもしかたがないな」、これはもはや失言じゃないのか……。「根性」で判断する梶原もすごい（笑）。それこそ『巨人の星』がその大きな牽引となった「スポ根」もののブームもこの頃だもんね。まあしかし、あさま山荘事件というのはこの時期一番のメディア的事件でもあったわけだよなあ。

パンス　ほとんどの人が「テレビでハラハラしながら見た」というのを強調しているのが興味深いです。日本の身近な場所で起こった初めてのリアルタイムな事件報道だったことに衝撃を受けている。ちなみに事件直後に取材して刊行されているので、本誌が店頭に並んだのは2〜3月頃だと考えられます。従ってコメント内ではその後、3月に判明するリンチ事件（山岳ベース事件）には言及されていないんです。

コメカ　「初めてのリアルタイムな事件報道」、初の（今の語法で言うところの）「実況」感覚だったわけだ。自衛隊員が食べるカップヌードルが人気になったりとか、「広告」の要素も入っていたし。事件直後には、まだ凄惨な暴力があったってことは可視化されてなかったわけだよね。母親が赤軍メンバーに語りかけたりとか、社会のなかに彼らを再回収する感覚で話が進んでいたら、実はこんなリンチが内在されていた、っていうことがあとから判明して世間が驚愕した、みたいな流れだったのかな。

パンス　そうそう。この時点ではみんな人質になった女性を心配していたり、犯人に対しても幾分かの理解がある人と、ウンザリした人に分かれてて多面性があります。政治家のコメントを、このあと首相になった順番で羅列してみますね。数ヶ月後に『日本列島改造論』（日刊工業新聞社）をブチ上げる田中角栄は「人質が助けられて本当によかった」と当たり障りないコメント。三木武夫は「我々と同じ社会のなかから生まれてきた若者だ」と強調。福田赳夫は「まったく社会性をもたない、無価値の行為」と厳しい。大平正芳は「言葉だけではいいつくせない欲求不満を彼らはもっておるにちがいない」と、さっきの話にも通じるようなアプローチ。中曾根康弘はチェ・ゲバラと比較して、同じような武装闘争を中産階級の多い日本でやったところで、学生たちの主観主義の現れでしかない、と冷静な分析。いずれにしろ、このレベルのコメントを今の自民党政治家ができるかな？と思ってしまいます。

コメカ　これは面白いなー！　それぞれの政治家の社会観が、各発言に顕れてるね。特に中曾根のコメントは面白い。「主観主義の現れでしかない」という言葉は、学生運動に限らず「日本のカウンターカルチャー」に対するかなり痛いところを突いた批評になっている感じがするし。いずれにしろ、若者たちを社会が再度包摂していくべきだという志向と、若者たちの行動を「社会性欠如」「主観主義」的に断じ無価値化していく志向と、大体2パターンに分かれていたのかしら。そのどちらをも、あとから発覚した若者たちの「暴力」が裏切っていく感じがするなあ。

パンス　今の凶悪事件に対する世間の反応より、全体的に思慮深さがあるように見えますね。この事件を生み出した社会や政治をどう考えるかといった傾向が強い。ただまあ他にもコメントを見てみると、石原慎太郎は「戦後教育の問題」と言ったり、曽野綾子は「親の過保護の責任」と言っていて、このあたりは今と変わらないのですが(笑)。実際その後の学園紛争は内ゲバか、運動から派生した爆弾闘争に向かっていくので、世間からはかなりズレてしまう。ただ並行していた動きとして、反原発やウーマンリブに向かう流れがあります。ざっくりとまとめてしまうと、経済成長から疎外されてしまった存在にフォーカスしていく動き。また、50〜60年代から並行して展開していた社会運動として、公害問題は実際の政治にも影響を与え、法改正や環境庁の設置まで達成しています。そのへんにまつわる失言もいくつかあるのですが。

コメカ　当時の公害問題っていうのも、今からだと若干想像しにくい気がする。サブカルチャーで言うと、１９７１年に『ゴジラ対ヘドラ』で「公害怪獣ヘドラ」が登場したりしている。同じ年の『帰ってきたウルトラマン』『スペクトルマン』等でも、公害をモチーフにした描写や物語があったりする。『帰ってきたウルトラマン』では差別の問題を扱った「怪獣使いと少年」というエピソードがあったり、『カムイ伝』（青林堂）第一部が終了したのもこの71年だ。

パンス　まさに。この頃のマンガや特撮は、社会的なモチーフを取り入れ、大きな社会とそのなかの個人を描く物語が多かったです。ジョージ秋山『銭ゲバ』（小学館）とかね。近年、韓国映画が社会を描いていると評価されるような流れがあるけど、この頃の日本のサブカルチャーに近いものがあると思ったりします。今、そういうマンガは少ないですね。藤本タツキ「ルックバック」が実在の事件をモチーフにしているのではと話題になるくらいで……。公害については、いまとは比較にならないほど酷かったし、財界は嫌がったけど徐々に改善されていきました。とはいえ反発もあった。１９７１年1月、荒木万寿夫国家公安委員長は「公害など風で吹き飛ぶ。カドミウム汚染米は心意気で食べるべきだ」と失言。これも根性論か。

コメカ　「心意気で食べるべき」（笑）。なんかここまでストレートに精神論的な物言いって最近ではあまり見ないから逆に新鮮だな。ニッポン男児たるもの、汚染米も心意気で！というキップの良さなのだろうか……。荒木本人は汚染米を実際に食べたりしたんですかね？

パンス　食べたという記録は見つけられませんでした（笑）。いちおう地元の大牟田市の農家を元気づける発言とも取れるんだけど、市民からは怒られてしまったという顛末。あと、この頃できた環境庁長官に石原慎太郎が就任します（１９７６年）。水俣病の行政訴訟にあたるわけだけど、水俣病訴訟ってとても長い間続いていて、さまざまな患者側との交渉が行われていました。話し合いをボイコットする動きもあり、患者からその旨を記した手紙をもらった石原は、業を煮やして**「これを書いたのはIQの低い人たちでしょう」**と記者会見で発言する。これはもう失言というより暴言ですね。

コメカ　「補償金が目当ての〝偽〟患者もいる」とも発言している。結局石原は批判を受けて患者らに土下座謝罪をしているけれど、彼はその後も差別発言を公にしているからね。謝罪が形ばかりのものでしかなかったことを、自身のキャリアが証明している。

パンス　そう。このあとも石原慎太郎にはたくさん登場してもらうことになります。１９６８年の参院選はタレント議員が多数当選しました。政治の在り方にも少し変化が生じた時期なのかもしれません。石原慎太郎、横山ノック、青島幸男。それぞれが独自の道を歩むことになるわけですが……。

コメカ　若い世代には、横山ノックや青島幸男がどういう人だったかももう分からないかもしれない。横山ノックは漫画トリオという漫才トリオで60年代当時大人気になったコメディアン。漫画トリオには上岡龍太郎がいました……と言っても、上岡が誰かももう分からないよな。90年代まで非常に強い支持を受けていた、関西のインテリ（っぽい）芸人。青島幸男は当時の超売れっ子放送作家で、さっきも名前を出した『シャボン玉ホリデー』等を手がけてたんだけど、クレージー・キャッツ楽曲の作詞を担当したり、長谷川町子原作の『意地悪ばあさん』ドラマ版に主演したりと、元祖マルチタレント的な人気を博していた。彼らにしても石原にしても、60年代のメディア・スターだったわけだよね。

パンス　青島幸男は当選後、自民党との対決姿勢を見せていて、その中での失言があります。1971年の参院予算委での答弁で、財界と自民党の癒着を非難して「**佐藤栄作さんは財界のちょうちん持ち、財界の男メカケだ**」と発言。本人はバラエティ的なノリを持ち込んだユーモアのつもりだったけど、これが問題となりました。青島はその後、70年代後半には中山千夏、大橋巨泉らタレント・文化人による「革新自由連合」にも参画していて、革新系にあたる立ち位置でした。タレントから政治家になる、って今だと微妙なイメージが強いけど、当時はそういう流れもあったのでした。

コメカ　立川談志も71年の参院選に出馬して初当選してるんだけど、75年には三木内閣で沖縄開発政務次官に就任する。その当時行われた沖縄本土復帰後として最大規模のイベント「沖縄海洋博」視察後の会見に彼は二日酔いで現れて、地元の記者の「公務と酒のどちらが大切なんだ」という言葉に、「酒に決まってんだろ」と返している（笑）。まあ青島にしろ談志にしろ、今の単なる客寄せパンダとしてのタレント議員とは全く違うんだけど（横山ノックは客寄せパンダだったけども……）、こういう風に政治にも「メディア的なもの」が入り込んでいくようになったのが70年代だったんだなあという感じがする。青島や談志のパフォーマンスは、芸能やテレビの世界から政治の現場にまで侵食していったものだったわけだし。

パンス　これはとても有名な失言だけど、1972年6月、佐藤栄作は辞任会見で「偏向的な新聞は大嫌いだ」と言って記者が全員退出しています。このときの佐藤は、テレビを残すことで、媒体の意図が入る新聞ではなく「テレビを通じて直接語りかけたい」とも言っているんですね。記者が全員いなくなる「絵」を作って注目を集めることもよく理解していた。

コメカ　メディア・パフォーマンスを明確に意識してたわけだね。

パンス　70年代から昭和末期は、田中派（田中角栄）→経世会（竹下登）、そしてそれを支えた宏池会（大平正芳、宮澤喜一）の時代です。いわゆる保守本流、中道保守。

１９７２年、佐藤に続いた田中角栄は、当時は最年少での首相就任。よく言われるように庶民派として就任当初は国民からの人気がありました。２０１６年、石原慎太郎がなぜか田中角栄のイタコのように語る不思議な小説『天才』（幻冬舎）を残していますが、田中が現役のときに近い立ち位置にいたわけでもないし、意味が分からないですね。他にも近年、人間味あふれ、人を引き寄せる天才として再評価するたくさんの「田中本」が出ていますが、普通に考えて現在、政治に限らずこのようなタイプのリーダーはなかなかいないんじゃないでしょうか。だからこそ待望論が出るのかもしれませんが。

コメカ　あの手この手で人心掌握していくようなキャラクターというのは、政治に限らず今ほとんどいないからな。

パンス　田中内閣の政策には社会基盤の整備、社会保障の充実に重きが置かれており、今の自民党イメージで解釈しようとするといろいろとズレます。財政支出しまくって地方に公共事業を拡大、「列島改造論」です。ただし、これは金権政治とも不可分であって、１９７４年には失脚、三木内閣で改革が進められ、さらにロッキード事件も発覚、事件を積極的に追及する三木の姿勢に対し「三木おろし」が展開。ものすごくざっくりですが、70年代中盤までの政局は以上のような流れです。この頃の失言ですが、田中は首相在任時には、面白発言こそ数あれど、意外に失言らしい失言はないんですね。ただし1983年、ロッキード事件丸紅ルートの判決後には怒りをあらわにした暴言を連発しています。「ロッキード事件判決はデタラメだ。あんなことをやれば国会議員は全部有罪だ」という発言には、政治家生活の中でいろいろ他にも知ってるであろう田中の悔しさが滲み出ているともいえます。と、ずいぶん「角栄推し」な説明になってしまいましたが、別に推してはいないんですが……。

コメカ　角栄に失言らしい失言がないっていうのは面白いね。62年の自民党政調会長時代、沖縄復帰について「憲法を改正して、核つき返還を考えざるをえまい」とオフレコ発言したことが報じられて問題になったりはしてるけども、それをスクープした記者の優秀さを褒め、後年自分の秘書にしたりしている。失言してもただでは転ばない（笑）。人間をほだす力というか手練手管というか、そういう情の力を上手く使う能力が、テレビ時代のキャラクターとしてもハマったところがあったんだろうなあ。

パンス　1950年代後半に民放テレビ局が相次いで開局しますが、当時郵政大臣だった田中はどんどん免許を与えていたそうです。今のテレビの基礎を作ったと言ってもよい。新聞社とキー局が繋がっているのが日本のテレビの特徴だけど、それらが形成される作業にもあの手この手で関わっています。これは失言というより番記者に語った冗談だけど、「オレはマスコミを知りつくしている。その気になればこれ（クビ）だってできるし、弾圧だってできる」と話している。そのあと「今オレが一番怖いのは角番のキミたちだ」と続くんだけど。今と異なりというか……、記者と政治家の緊張関係を象徴するよう。

コメカ　戦後的なメディア環境のスタート地点で、角栄が大きな権力を握っていた、というなあ。まあしかし厄介だね、この頃出来上がった構造が、いま現在機能不全を起こしている状況なわけだし。逆に言えば、70年代というのはそういう構造内での緊張関係なり癒着なりが、まだかなり上手く回っている時代だったわけだな。

パンス　政治家はずっと、硬軟織り交ぜながらテレビメディアに介入していたといえます。「硬」のほうが露骨になってしまったのがここ十数年なわけだけど。

また70年代後半は有事法制が俎上にのった時代です。

コメカ　77年に福田内閣の下で、防衛庁が有事法制の研究作業を開始、78年には「防衛庁における有事法制の研究について」という文書を発表している。同じ78年に栗栖弘臣統合幕僚会議議長が、「（自衛隊は）敵の奇襲攻撃を受けた場合、首相の防衛出動命令が出るまで手をこまねいている訳にはいかず、第一線の部隊指揮官が超法規的行動に出ることはあり得る」と発言したことが、有事法制議論の活発化のきっかけになっていた。

パンス　栗栖の発言は「週刊ポスト」のインタヴューに掲載。これが問題に。この頃は自衛隊って野党からすればかなり非難の対象で、むしろ野党の勢いを利することになってしまうと政府・自民党のほうが慌てたと言われている。というわけで、そのまますぐ解任となりました。

コメカ　ちなみにちょっと時間を巻き戻すと、65年には社会党の岡田春夫が、自衛隊統合幕僚会議による63年の研究とりまとめ文書、いわゆる三矢研究の一部を入手して国会で暴露、佐藤内閣を追及している。この研究が、朝鮮半島での武力紛争の発生とその日本への波及を想定した、自衛隊としての作戦研究だったと。この件についても来栖発言についても大問題になったわけだけど、いま現在ではこれら自衛隊運営についての勇み足発言がそこまで問題になることが、むしろイメージしにくい世の中になってしまったな〜と思ったり……。

パンス　日本の右寄り政治家のイメージが今より固定化されてるような側面もありました。「タカ派」「ハト派」って言い方もされなくなりましたね。自分たちが子ども時代くらいまでは見かけたと記憶しているけど。そんな自民党「タカ派」が集まっていたのが1973年結成の青嵐会。メンバーは渡辺美趣意書に血判を捺したりとかいかにもなパフォーマンスが話題になっていた。

智雄や石原慎太郎、中川一郎など。栗栖発言の少しあと、1978年10月に中川は「現在の自衛隊法では奇襲に対処できない」と発言。その後総裁選にも立候補するのだが、謎の自殺をとげる。

右派のロマンとサブカルチャー

コメカ　趣意書に血判とか本当にいかにもで、すごくイヤだな〜。しかしこの三年前には三島由紀夫の自衛隊駐屯地乱入・自決もあったわけだけど、石原が提案したというこの血判とかも含めてさ、やっぱりこの時期から政治に妙なロマンやサブカルチャー性が侵入している感じがしちゃうんだよな。タカ派といってもどこかフェイク・模造品めいているというか。渡辺や中川、三島より10歳近く年少だった石原がやっぱりそういう感覚の先駆だったのかなという気はするんだけど。法的根拠の問題や地政学的なリアリズムとは別の水準で、そういういま現在のネトウヨに至るまで道が続く戦後的な稚気の始まりのタイミングの感があるというか。

パンス　その端緒はどこにあるのかなーと考えているんだけど、石原慎太郎を例に出すと見えてくるものがあるかもしれない。竹内洋『教養主義の没落』（中公新書）で、石原について分析されています。「教養主義」というのは大正デモクラシー以降のインテリの基礎になっていたもので、旧制高校文化のなかで青年たちの間で育まれました。石原は戦後、新制高校になった最初の世代でもある。『太陽の季節』以降の石原は、年長のインテリを腐す発言をあちこちでしています。もうひとつ、「ロシア型」か「アメリカ型」か、って分類もできそうです。当時のインテリは多かれ少なかれマルクス主義の影響を受けてるけど、それに反発するという。いかにも「アメリカ」なジャズとヨットといえば石原裕次郎だけど、そんな弟の存在が慎太郎を刺激しているし。「稚気」の源流にはアメリカがあると思います。それはもちろんポップカルチャーを含む。右翼をやってみてもどこか模造品めいてるとすれば、それが「ポップ」ってことなのかもしれません。

コメカ　石原は2010年、中国の雑誌「人物週刊」のインタヴューで、「何日か前、日本のテレビで見たんだけども、北京798の若い芸術家たちをとりあげていました。私が共感したのはね、彼らは共産党統治について自分なりの考え方をもっていたことです。自分が若いころのことを思い出させましたよ。私の若い時も伝統的な道徳とかに反発心をもっていて、社会についても批判的な態度だったんだ」と語っている（石原慎太郎　日本の右翼はとっくに消滅している（日本語訳2）https://www.metro.tokyo.lg.jp/GOVERNOR/ARC/20121031/tvkb2200.htm）。「伝統的な道徳とか」にカウンターを喰らわせる、みたいな態度というのが、若い頃から老齢に至るまで延々と続いた石原の芸風だった。で、経済白書に「もはや戦後ではない」と書かれた1956年に発表した『太陽の季節』が、その道のりの出発点であると。

ジェームズ・ディーンが象徴するように、50年代はアメリカのティーンエイジ・ポップカルチャーが隆盛を極めて日本でも受容された時期で、『太陽の季節』はそういう文脈と連動している。

消費社会における、若者の反抗や苛立ち、自棄自滅。後年石原が岡崎京子『リバーズ・エッジ』（宝島社）を褒めたりしたのも、彼のこういう在り方を考えれば違和感は無い。60年代末の参議院議員当選以降右傾化を強めていく彼の軌道というのは、80～90年代サブカルの一部がゼロ年代以降に保守化していく流れを数十年先取りしていたとも言える。親世代が敗戦時にあっさり戦後民主主義に鞍替えしたことへの反発が彼のナショナリズムへの源泉になっていて、本人が政治家としての自らを、「体制内異分子・反抗者」みたいな形で捉えたがるのも、そういう出自と不可分ではない。

パンス　戦後民主主義の源泉には戦前からの教養主義があって、それらへの反発が60年代後半にさまざまなアプローチで出現したということでしょう。分かりやすいところで例を挙げるならば、60年安保の頃デモに出てくる学生は学生服を着ていたんだけど、70年安保の頃にはもう着ていなかったり、ジーンズにヘルメットみたいなスタイルに変わったことなんかからも導き出せるように思います。その類の反発は新左翼に明確に出ていたけれども、右に振れるパターンもあって、石原慎太郎の場合もっと年長なんだけれども、その端緒にいるように見えるわけです。で、逆にその反発の前にあった教養主義とはなんだったのかというのもあって、端的に言うならばそれは旧制高校カルチャーではないでしょうか。

旧制高校とはどんな存在だったのか。堀越英美が「サブカル」のルーツを見ていて（堀越英美「家政婦はオタクｖｓサブカル論争に旧制高校生の亡霊を見た！」『ユリイカ』）、僕もそう捉えています。学究を極めた男の子たちが、世間から切り離された空間で文学や詩に耽溺してつるむ、というものですね。その頃にあった教養主義が戦後切れてサブカル的になっていくというか。２００９年「サンデー毎日」に掲載された中曾根康弘と不破哲三の対談ってのがあるんだけど、イデオロギー的に正反対の二人が和気藹々と話している。何を話してるかっていうと旧制高校時代の話なんだよね。共通の記憶を思い出して「あったあった」とうなずきあえる関係というのがあったわけです。

コメカ　不破哲三は１９３０年1月生まれ、石原慎太郎は１９３２年9月生まれで、年齢的には2歳しか違わないんだけど、不破は旧制高校である第一高等学校に１９４６年に入学、１９４９年３月に卒業している。そして第一高等学校は１９５０年に廃止されると。で、石原は１９４５年に旧制中学の神奈川県立湘南中学校に入学するんだけど、１９４８年に学制改革によって湘南中学は神奈川県立湘南高等学校になる。なので、石原は旧制中学からの新制高校への進学を経験しているわけだ。今で言う中高生の時代に、ＧＨＱ指導の学制改革を石原はモロに身体で経験しているわけだねえ。数歳の差で経験が大きく変わる時代というか。数歳の差で経験が大きく変わる時代というか。

パンス　不破哲三しかり、マルクス主義的な教養はもちろん、高校の頃から哲学書をガンガン読むのが熱い時代があったわけですね。１９４７年に『西田幾多郎全集』第1巻が出たときは岩波書店の前に夜を徹して行列ができていたそうです。もはやプレステである。石原はちょうど間のすぐあとということで、前の時代の影響も受けてるんだよね。一橋のときは1級下の江藤淳に紹介されて江口朴郎に唯物史観について聞きにいったりしていたし、高校の頃はシュルレアリスムに影響受けまくりなスケッチを描いている。ちなみに僕はその頃の「作品」を集めた個展を観に行ったことがあります（笑）。どんなもんか見てやろうじゃねえかと思って。彼自身のなかでは黒歴史ではなくて、回顧展やっちゃうくらい熱い記憶だったりして、なんともねじれているんですね。

コメカ　アプレゲールとしての石原慎太郎っていうのは、自分らの世代には一番分かりにくいものだった気がするな〜。自分が石原を正面から認識したのってやっぱ都知事就任からだったから、極右・マッチョ・レイシスト＆セクシストって第一認識から始まっている（笑）。

パンス　二つの傾向が謎に同居しているというね。ここで1977年の石原による失言を挙げると、記者を批判して「**自分のとこの新聞に載らない原稿が『赤旗』に載る**」という真偽不明の放言をしていたり。これはうやむやになってしまったんだけど。

コメカ　立ち位置をいろいろ変えながら、しかし若いころから歳を取るまで、結局延々と「反抗」のイメージを演じ続けていた人という感じがするな。晩年の現在、その存在が忘れられつつあるのは、日本における「サブカル」の斜陽化ともシンクロしているような気がしなくもないです……。

新中間層の登場

パンス　80年代に入るこのあたりで、高度経済成長期〜70年代以降における、政治以外の日本社会の変化を見てみたいと思います。まずは「家族」の在り方が決定的に変わっています。大都市周辺に団地が建ち、「郊外」が大規模化。ライフスタイルが多様になり、消費財を購入する動きが加速します。そうなると、必然的に「個人」がせり上がってくるんですね。ここで「私らしさ」といった要素の重要性が増します。我々ＴＶＯＤの前著『ポスト・サブカル焼け跡派』(百万年書房)では「自意識」という言い方をしていますが、なんのレコードを聴くか、どんなファッションをするかといった選択がより拡大し、より実存のなかに深く刺さってくるようになったといえばいいでしょうか。「はやりすたりに命をかけた」とは、やや「夜霧のハウスマヌカン」の一節です。

コメカ　どういうアイテムを選択するかが、その人間のアイデンティティに強く関わるような社会状況になっていく、というね。当時の日本ではボードリヤールの消費社会論が本気で参照されていて、高度成長を終えた状況(＝モノがある程度生き渡った状況)ではモノの「使用価値」が消費を促すことはもはや難しい、社会的な関係性から生まれる「記号価値」をモノに付与することが、消費を生み出す有効な戦略である……みたいな話が、マーケティング言説等で繰り返し語られていた。記号の体系における差異に如何に敏感になるかってことが、強迫的に意識されていくようになる。どれを選んだらダサい、どれを選んだらイケてる、というような。「はやりすたり」が至上命題になっていく。

パンス　「個人」がアトム化すると同時に、家族も「個」となり、外から見えにくくなります。「マイホーム主義」的な憧れの成果としての家族は密室的になり、そこで暴力が展開されるパターンも出てきます。金属バット殺人事件や「積木くずし」と言った事象が挙げられるでしょう。家父長的な「イエ」が解体され、家族という共同体が自由になるというビジョンを追う中で、むしろより強く「家族」が意識され、家父長的態度が再構成されてしまう逆説も生じます。この傾向が現在に至るまで全く衰えを見せていない状況は、磯部涼『令和元年のテロリズム』(新潮社)を参照するといいでしょう。

コメカ　1977年の山田太一『岸辺のアルバム』のように、一見穏やかで平凡な核家族が持つ葛藤・苦しみを描くテレビドラマも登場したりしている。マイホーム生活というのは高度成長期には明るい夢としてイメージされたわけだけど、その内側にある人間的な痛みや切実さを、テレビというマスメディアにおいて描写・表現した挑戦的な作品だった。さっき話に出た団地も、50

〜60年代には新しい生活空間として憧れの対象だったけれども、70〜80年代頃には閉塞的・密室的な場所としてイメージされることが多くなる。日活ロマンポルノの『団地妻』シリーズは、団地生活に閉じ込められ抑圧された主婦たちを主人公に据えたもの。森田芳光によって映画化された1981年の本間洋平『家族ゲーム』（集英社）の機能不全一家が暮らすのもやはり団地だった。

パンス　そしてこの頃はモータリゼーションが進みました。人々が車という「空間」を持つようになったんですね。川村湊『戦後文学を問う』（岩波新書）は、戦後50年までの日本文学を通常の文学史とは少し変わったテーマで追っているのですが、そのなかに「クルマの中の闇」と言う章があります。「クルマという『箱』は、（略）外界の危機や危険に晒しながら、それがまるで安全であるかのように思わせる一種の魔法の箱にほかならない」というのは示唆的です。密室的でありながら外界を浮遊するような存在として描く作家として、吉行淳之介や村上春樹を挙げています。村上春樹原作で、最近映画化された「ドライブ・マイ・カー」は、まさに「個室」として、または対話の場所としての車をフィーチャーしていました。

一方でその道路をむき出しの身体を晒して走っていた暴走族という存在は、70年代半ばに爛熟します。当時のグループの一つ、ブラックエンペラーの公式サイトがあるのですが、そこで「暴走族年表」を見ることができるのでオススメです（笑）。前史としてカミナリ族のような存在もいますが、この年表の冒頭には1969年、「東名・名神高速道路が全通」と記載されています。当たり前ではありますが、ここにもモータリゼーションの影響があるのです。

コメカ　戦後日本史とは全く関係ないけど、ゲイリー・ニューマンの1979年のヒット曲「カーズ」を思い出すな（笑）。車のなかにいれば安全、ここなら全てのドアを閉じられる、これだけが生きる唯一の方法……というような歌詞の、自閉的なポップス。密室的な小空間としての車と、生身を晒し共同体を編制する暴走族とが、道路という環境のなかで同時に存在していたというのは面白い。

パンス　以上に挙げた「モータリゼーション」、「郊外」、「家族」それぞれの変化を繋ぐ場としての、「農村」が変容しました。どんどんデカい道路が通ると、かつての農村共同体とは別の、均質化した場が形成されます。70年代以降、国道沿いにファミリーレストラン、ホームセンター、紳士服店などがオープンし、そこが生活の主体となっていきます。

大量に人口が流入していった大都市では「中流」意識のなかで、保守化が進みます。70年代前半の時点では都市層では社会党・共産党の勢いがあったのは以前述べた通りですが、ロッキード事件などで自民党の評判がどんどん下がっていくなかで、野党勢力は連合政権構想を打ち出し、イケイケの状態でした。一方の自民党からは河野洋平（河野太郎の父ですね）らが自民党から離反、新自由クラブを結成しますが、この中道保守路線が保守化する都市住民に支持されました。83年には自民党と連立を組みます。野党連合政権は80年総選挙・参院ダブル選に備えていましたが、直前に大平正芳が急死。国民が弔いモードになって自民党が大勝するという出来事が起きます。こうして80年代はスタートするのでした。

コメカ　戦後初めての現職首相の死去だった。大平がもう少し長生きしていたら、歴史がいろいろ変わっただろうな……。

ジャパンアズナンバーワン時代とミスター80年代

パンス　80年ダブル選挙を受けて首相になった鈴木善幸を経て、1982年に中曾根康弘内閣が成立します。中曾根は失言多いですね……。そういう意味で本書でも重要人物ですが、それまでの戦後政治が転換した、その端緒にいる人物と言っても良いです。よく言われるのが、現在に至る新自由主義的改革を始めた人という捉えられ方ですね。間違いではないのですが、少し詳細に見られればと思います。

コメカ　いよいよ出てきたなあ、中曾根。ミスター80年代って感じだ。

パンス　まずは就任直後に話題になった「日米は運命共同体」「日本列島不沈空母化」が有名ですね。当時米国はレーガン大統領で、彼の戦闘的な姿勢に乗ろうとしている。「不沈空母」を報じたのはワシントン・ポストで、実際にこの発言があったかどうかは微妙と言われているんだけど。

コメカ　このあたりの極端な親米発言は、80年代当時の日本ではどの程度問題視されたのかしら？

パンス　就任当初（1982年12月）は、当時まだロッキード事件が尾を引いていた中、田中派の系譜であったというのもあり、「田中曾根」などと言われ、比較的不評なところからのスタートでした。1983年の日米首脳会談では「ロン・ヤス」で呼び合うなんてエピソードも出たけど、支持率は伸びず、まだまだタカ派的な志向は嫌われる傾向があった。しかし同時に、テレビでパフォーマンスするようになります。レーガン来日時は「日の出山荘」に呼んでチャンチャンコを着て囲炉裏で会話するなんて絵を撮らせている。これは浅利慶太が演出していたのでした。

コメカ　浅利は中曾根以前に佐藤栄作のブレーンもやっていて、さっき話した佐藤の辞任会見における演出も、彼の提案が発端になっているらしい。しかしこのロン・ヤスパフォーマンスってかなり画期だよね。小泉&ブッシュとか、安倍&「ドナルド」（笑）まで続くパフォーマンススタイルの原型というか。レーガンにタッパで負けてない絵面の良さもあったわけだし……。ジャパンアズナンバーワン時代に、キャラクターとしての中曾根はなかなかマッチしてたというか。

パンス　1962年にロバート・ケネディが来日した際に、日本の労組幹部と居酒屋で会うなんて細かいパフォーマンスをしてメディアにアプローチしているのを見て、これからはこういう時代だと思ったそうです。サミットではレーガンとサッチャーの間に入ってカメラにおさまったというエピソードも有名です。政治家が海外の人物と並んで「カッコいい」像を提出したのはこの頃からといえるでしょう。日本人が徐々に自信をつけていく時代背景に上手く合っていました。1986年の総選挙では自民党大勝、任期も延長で長期政権となりました。

さて、そんな中曽根の思想を考えるにあたり、当時政権のブレーンだった村上泰亮『新中間大衆の時代』（中公文庫）を参照したいと思います。この本はサブカルチャーに関心がある人にも読んでもらいたいと思っており（サブカルの話は出てきません）。取材を受けたときも持っていって紹介したり、個人的にずいぶんと推しています。

「新中間大衆」とは、さっき書いたようなことの繰り返しになっちゃうかもしれませんが、要は高度経済成長後に生まれた階層――「中流意識」を持った層のことです。つまり、我々のほとんどが当てはまります。しかし、高度経済成長の前だったらどうかというと、より階層差はありました。それが、農民でもブルーカラーであっても中流意識を持つようになったのです。最近は「文化資本」なんて言葉が流行ったり、地方や家庭環境によって持てる文化意識には格差があるんだといった言説が盛んです。たしかにその通りかもしれません。また、一見総じて中流のように見えていたけれど、実はジェンダーや地域差など、さまざまな格差が隠れていたのではないか、とも言えます。ここがポイントで、中曽根の失言は、「隠れていたもの」に対する視線の無さが生み出したのではないかと思えるタイプなんですね。

コメカ　戦後空間のなかで抑圧されていた存在・排除されていた存在に対する無視・無関心が、失言の形で表出してくる、というね。

あと、ちょっと話を巻き戻すと、大平正芳が首相在任時に設置した政策研究会、いわゆる大平研究会の存在がある。さっき名前が出た浅利慶太とか、江藤淳や山崎正和、梅棹忠夫、山本七平、河合隼雄らも参加していた。ここからの延長線上で、中曾根政権のブレーン構築がなされていくと。

大平は79年の施政方針演説で、「戦後三十余年、わが国は、経済的豊かさを求めて、わき目も振らず邁進し、顕著な成果をおさめてまいりました」「しかしながら、われわれは、この過程で、自然と人間との調和、自由と責任の均衡、深く精神の内面に根差した生きがい等に必ずしも十分な配慮を加えてきたとは申せません」「この事実は、もとより急速な経済の成長のもたらした都市化や近代合理主義に基づく物質文明自体が限界に来たことを示すものであると思います。いわば、近代化の時代から近代を超える時代に、経済中心の時代から文化重視の時代に至ったものと見るべきであります」と語っている。安定成長期＝ポスト・高度経済成長期の日本社会をどう構築するか、という視座を提示しようとしたわけだ。

1979年、サブカルチャー領域においてはパンク・ニューウェーブが到来し、『機動戦士ガンダム』が放映された年に、こういう方針演説をやってたんだな〜（笑）。

パンス　いわゆるポストモダン／ニューアカがブームになる前の知識人代表格が集まっているのだが、昨今言及する人が少ないですね。物質主義への批判的検証、もしくは現代を「成熟社会」

と捉えるのは70年代前半からあった流れ。ローマ・クラブによる『成長の限界』（ダイヤモンド社）とか、デニス・ガボール『成熟社会』（講談社）とか。今ＳＤＧｓとか言われてるけど、この頃から似たようなアプローチがあったのでした。

コメカ　個人的にも、自分の出自がいわゆる新中間層的なところにあることが、いま現在の自分の思考の方向性をめちゃくちゃ規定してるな～と思うなー。同時に、いま一番そこが切り崩されてる階層でもあるわけだけど。70年代から続いたこの国のパースペクティヴの「ポスト」をいい加減どうにか考えなければいけない状況なわけだけど、そこで誰もが右往左往してるというか。

パンス　『新中間大衆の時代』では、保守化する中間大衆が流動的になるというところまで予見していて、それはポピュリズムという形で90年代以降現実になるわけです。僕としては、基本的にはこの頃形成された構造は今も変わっていないと思っています。ただし、当時楽観的に思われていた部分が、平成を通して全部ひっくり返って実現しちゃった、みたいな感じですね。

単一民族幻想と日本特殊論

コメカ　中曾根に戻ると、彼のとりわけ有名な失言というと何になるのかしら？

パンス　有名なものからマイナーな物までいろいろありますが、まずは広島の原爆病院を視察した際に「病は気から」「気持ちさえしっかりしていれば病気は治る」と発言。

コメカ　1983年の広島原爆養護ホーム訪問時の発言だね。原爆被爆者に対して「病は気から」と言い放つ無茶苦茶さ。このとき「日本は単一民族だから泥棒も少ない」とも発言している。「戦後日本の成長のなかで疎外されてしまった存在に対する配慮というか、視線のなさ」が露骨に顕れた発言だけど、86年にもまた「日本は単一民族だから教育水準が高い」と発言していて、繰り返し単一民族国家観を口にし続けてるんだよな。

パンス　「単一民族」発言の前に、「米国には黒人やプエルトリコ人がいるから、日本より知識水準が低い」という発言をしています。それを釈明するときに「日本は単一民族」と発言しているという流れですね。全部間違っているのはもちろんですが、「米国には〜」は、日米関係にも深刻な影響を与えて、釈明に追われることになりました。「日本は単一民族国家である」というのはいかにも保守だけども、これって戦後培われてきた感覚。戦前は「単一ではない」というのが主流だった、というのは小熊英二『単一民族神話の起源』（新曜社）などを参照のこと。

コメカ　これらの失言って、釈明はしても結局撤回・謝罪はしてないのかな？

パンス　「知識水準」発言はアメリカのメディアでも大問題になって、陳謝のメッセージを米国民・議会・政府に発表、徹底的に謝罪しています。その後の「単一民族国家」に関しては、梅原猛の本で読んだといって「アイヌと日本人は相当融合している／私なんかも眉毛が濃いし」……などと釈明し、さらに問題化したものの、鎮静化してしまいました。

コメカ　なんか、ものすごいなあ……。眉毛云々とか、ジョークのつもりだったんだろうけど……。本人は自分の言葉の問題点を本当にあまり自覚してなかったんだろうか。まあでも自覚してたら、徹底謝罪することになるような発言、そもそもしないか。

パンス　釈明しようとしてさらにひどい発言になってしまうパターンは現在もあるけど、当時だとそこから徹底的に追求されるという流れにはなかなかなりませんでした。かつ、やはり社会全体にマイノリティについて思考する感覚が定着していなかったというのもあるでしょう。80年代は指紋押捺運動など、連綿とした社会運動の流れもあったことは忘れてはならないけれど、中流意識がそれらの問題を覆い隠している部分があったのは事実だと思います。

コメカ　少なくとも「世間一般」みたいな単位においては、マイノリティについて考える態度がすごく希薄だったのはたしかだよなあ。特に80年代後半、バブル景気の時期にはその度合いはますます上がっていっただろうし。

パンス　失言の増え方が、その度合いを示しているとも言えますね。中曾根政権期のほかの失言も挙げてみます。中曾根の「単一民族」発言と同時期の１９８６年、藤尾正行文相が「日韓併合は韓国側にもいくらかの責任がある」など、歴史問題に関する失言を連発している。あとこの頃の失言マスターとしては渡辺美智雄がいますね。野党をこき下ろして「金を使うより金を集めるほうが大変なんだ。毛針で釣られる魚は知能指数が高くない。うちの党はちゃんとエサをつけている。毛針で釣られる魚も多くなったが過半数になると国家はだめになる」と開き直り発言。あと非常に有名なのが「向こうは黒人だとかいっぱいいて、アッケラカンのカーだ」ですね。この時期は米国の多民族性を揶揄する発言がほかにも多くて、これもまた「単一民族」思考と表裏一体だといえます。

コメカ　近年も麻生太郎が「２０００年の長きにわたって、一つの国で、一つの場所で、一つの言葉で、一つの民族、一つの天皇という王朝が続いているのはここしかない」などと発言して批判を浴びたけども、渡辺のこれも聞くに堪えないな……。

パンス　日本の特殊性について分析するような志向は80年代に顕著でした。ポストモダンも、江戸論なんかも流行っていました。しかしそこからこぼれ落ちた問題もたくさんあったという。ただこれは景気よかった頃だけの話でもなくて、「おたく」以降の言論やらスーパーフラットやら、同じような流れはあるし、わりと自分たちにも返ってくる問題だとも思っています。とくにサブカルチャー論とかやってると、ドメスティックなところでグツグツ煮詰めるみたいな感覚に陥りやすいですからね。

というわけで戻ると、このあたりでバブル期に突入するわけです。政治はこのあと大荒れになります。中曽根に続く竹下内閣のもと、何度も廃案になっていた売上税→消費税がついに施行され、リクルート事件という、自民党どころか野党も巻き込んだ壮大な疑獄が起こり、竹下登も安倍晋太郎（晋三の父）も関係していることが明らかに。そして土井たか子率いる社会党が「山を動かす」。

バブル絶頂下での政治意識

コメカ　1989年の参議院選で社会党は改選議席数を前回から2倍以上伸ばし、総議席で第一党に躍進。同年に土井は参院の内閣首班指名を受けていて、女性が首班指名を受けたのはこれが歴史上初。消費税導入やリクルート事件に加えて、農産物自由化問題や宇野総理の女性スキャンダルまであって、この頃は自民党に逆風が吹きまくっていた。

パンス　バブル絶頂期は、自民党への反感が極めて高い時代でもあったのです。ついつい、ここ10数年がそうだからといって「みんな政治に関心なかった」と捉えてしまいがちですが、むしろ、出来事を細かく取り出していくと、この頃はかなり高まっていたように見えます。

カルチャー方面でいちばん代表的な現象を挙げるならば、反原発運動です。マイナー出版社からの1986年のチェルノブイリ原発事故を受けて広瀬隆『危険な話』（八月書館）が刊行。マイナー出版社からの著作がサブカル界隈でウケるという、ちょっとしたブームが発生します。1990年12月の時点では、90％の国民が原発に不安を抱いているという統計が出ている（総理府調査）ので、相当です。

また、マスコミが政治をエンタメ化していたというのも大きいでしょう。逢坂巌『日本政治とメディア』（中公新書）には、80年代「楽しくなければテレビじゃない」と言われていた時代の政治番組をいくつか紹介しています。1983年参院選の開票特番は「タモリの選挙でいいとも!!」が放送。先にも挙げた、自民党が大勝した衆参ダブル選挙の開票特番では、おニャン子クラブと安倍晋太郎、竹下登、宮澤喜一が共演する「安竹宮vsおニャン子」というコーナーまであったそうです。どちらもすごく面白そうですね。今や開票特番といえば池上彰が仕切るようになってしまいましたが。

あとは「ニュースステーション」です。久米宏のリベラル的姿勢と、頻発する売上税（消費税の原型）、リクルート事件などの問題は、国民のテンションを上げていきました。

コメカ　田原総一朗の「朝まで生テレビ」の放送開始もこの頃で、1987年。それまでのテレビの政治報道における文法とは違う形、端的に言えばバラエティ・ショーの素材として政治を扱うようなやり方が、このあたりで一般化している。ニュース番組もこの頃から現在に至るまで、バラエティ番組化がずっと進行し続けてるからな。

パンス　もうひとつ、80年代において触れておきたいのは、男女雇用機会均等法の成立・施行についてです。すでにみんなお気づきかと思いますが、これまでたくさんの政治家が登場していますが、女性がなかなか出てきません。１９４６年総選挙において初の女性参政権が認められ（じつは戦前にも検討されていたのですが、貴族院で否決されています）、39人の女性議員が誕生していますが、その後は減少し、39人を超えたのは２００５年になってからです。以降、現在に至るまで増える傾向とは言えないのは言わずもがなです。さまざまな事情があれど、総じて言えることは、男女雇用機会均等法なども含め、制度的には変更されても、社会の雰囲気自体が変わらないため、集団のなかでは従来の体制が温存されてしまっている、ということです。１９８６年の中曾根康弘の失言として、「女の人は私のネクタイや背広の色しか見ていない」というのもありました。今なら非難轟々かと思いますが、こういう捉え方をしてしまうことに、多くの男性は覚えがあるのではないでしょうか。そんななかにあっても、１９８６年に土井たか子が社会党初の女性党首となり、１９８９年に多くの女性が当選した現象は「マドンナ旋風」と呼ばれましたが、大きな変化であったと思います。

コメカ　機会均等法自体、制度として不十分で問題含みのものだという指摘もこれまで多くなされていて、数度の改正を繰り返している。男性中心主義的な労働環境・構造への女性の参加機会を用意するものにしかなっておらず、いまだ圧倒的に男性に有利な総合職雇用で酷使されるエリート女性と、キャリアアップの難しい一般職、もしくは均等法の対象とならない非正規雇用で働く女性たちとの間に分断をもたらした制度であるという上野千鶴子の指摘もある。だから現在に至るまで実態としても制度としてもこの国の性差別はいぜん根強いわけだけど、ただこの頃に変化の端緒は生まれているということだね。続いて次章では、90年代以降の社会と「失言」を見ていきます。

第三章　平成初頭　1989〜2011年

1988年 ■天皇には戦争責任があると思う（本島等　12月7日　長崎市議会にて）

1989年 ■なりたくて首相になったんじゃない（宇野宗佑　6月27日　公邸にて）

1990年 ■南京大虐殺は事実ではない。中国人が作り上げた話（石原慎太郎　10月　米国版「プレイボーイ」取材にて）

1992年 ■バーのマダムが当選したようだが政治がわかるのか（金丸信　6月）

1993年 ■宮澤さんがお亡くなりになると、大勝利になるかもしれない（武藤嘉文　6月22日　講演会にて）

1994年 ■正確に弾いた物ではない。腰だめの数字だ（細川護熙　2月3日　記者会見にて）

■南京大虐殺はデッチ上げ（永野茂門　5月　新聞のインタビュー）

1995年 ■朝鮮半島の植民地支配は日本の侵略ではない（江藤隆美　10月11日　記者懇親会にてオフレコの雑談として）

1996年 ■従軍慰安婦問題は歴史的事実ではない（板垣正　5月28日　自民党総務会にて）

■当時は公娼として認められており、慰安婦は商行為として行われた（奥野誠亮　6月4日　記者会見にて）

2000年 ■アメリカでは停電になると、必ずギャングや殺し屋がやってくる（森喜朗　2月27日講演会にて）

■不法入国の三国人などの騒擾事件には治安出動してもらう（石原慎太郎　4月9日　陸上自衛隊の式典にて）

■日本は天皇を中心とした神の国（森喜朗　5月15日　神道政治連盟国会議員懇談会での挨拶）

■投票に行かないで寝ててくれればよい（森喜朗　6月20日　衆院選の応援演説にて）

2001年

■何事にも努力目標があるわけでしょう（森喜朗　2月26日　衆院予算委員会にて）

■小渕の恵三さんはコロッと死んじゃった。あれを『お陀仏さん』という（田中真紀子　4月14日総裁選の応援演説にて）

■なぜ2時間も質問するのよ。やめさせなさい（田中真紀子　6月21日外務委員会委員長に質問の制限を依頼）

2003年

■安倍内閣が実現したら、まず憲法を改正しなくてはならない（安倍晋三　5月10日　高市早苗経産副大臣との対談にて）

■非武装中立論ほど無責任な議論はない（小泉純一郎　7月　参議院特別委員会にて）

■罪を犯した少年の親は市中引き回しのうえ、打ち首にすべきだ（鴻池祥肇　7月11日記者会見にて）

■不法滞在者は泥棒や人殺しばかりしているやつらだ（江藤隆美　7月12日　福井市の党支部定期大会で演説）

2004年

■人生いろいろ、会社もいろいろ、社員もいろいろ（小泉純一郎　6月2日　衆院決算行政監視委員会にて）

2005年

■堀江貴文は私の弟、息子だ！（武部勤　8月　応援演説にて）

■早く料亭に行きたい（杉村太蔵　9月　当選後のインタヴューで）

2007年

■女性は子どもを産む機械だ（柳澤伯夫　1月27日　島根県の自民党県議集会にて）

■水道水には『ナントカ還元水』とか、そういったものをつけている（松岡利勝　3月5日　参院予算委員会にて）

■広島、長崎への原爆投下はしょうがない（久間章生　6月30日　講演会にて）

2007年 ■アルツハイマーの人でもわかる（麻生太郎　7月19日　講演会にて）
■私の友人の友人がアルカイダ（鳩山邦夫　10月29日　講演会にて）
■あなたとは違うんです（福田康夫　9月1日　記者会見にて）
2008年 ■日教組の子どもなんて、成績が悪くても先生になる（中山成彬　9月25日　インタヴューにて）
■いままで何やってたんだ（麻生太郎　12月19日　ハローワーク視察時）
2010年 ■史上まれにみる陰湿な左翼政権だ（安倍晋三　6月8日　講演会にて）

90年代の政治意識

パンス　ここからは1989年以降、平成に入ります。日本において元号が変わるのと、90年代の到来はほぼ一致してるんですね。1989年は世界にとっても大きな変動の年だった。東欧の社会主義国が次々と民主化され、マルタ会談で「冷戦」の終了が宣言される。思想や文化的に日本への影響があったといってもよいでしょう。20世紀のとくに後半に顕著だった、共産主義と資本主義の対立で考える、という思考方法がいったん解体された状況になった。前章の最後にも書いた通り、日本でもバブルのなかで政治的な変動が起こっていました。あと見逃せないのは、80年代後半、日本の近くに位置する、韓国や台湾、フィリピンでも民主化運動が起こっていた点ですね。この変化も、のちのち東アジア・東南アジアと日本の関係に影響を与えるようになります。

コメカ　このあたりの時代からは、個人的にも実体験としての記憶があるな。と言っても、幼少期のぼんやりとした記憶でしかないけど。国内的には、元号が変わる＝天皇崩御と同時期に、手塚治虫や美空ひばりといった戦後昭和を象徴するような人々が亡くなったりして、「時代の節目」を人々が否応なく感じさせられたわけだよね。当時のことを本で読んだり人に聞いたりすると、平成から令和への移行よりもやっぱり強く「節目」感を世の中が感じていたんだろうなあと思ったりする。そういう状況と、冷静構造の終焉や東アジア・東南アジアの民主化の動き等が、同時代に起きていたわけだなあ。

パンス　元号というのは恣意的に設定された分岐点でしかないわけだけど、なぜかそれが実際の変化と妙に符合して、人々の意識に影響を与える、という点においては、見過ごすことのできない存在だと僕は思っております。

吉見俊哉・編『平成史講義』（ちくま新書）では、平成元年に起こった事件が、その後平成の30年間をあたかも規定したかのような、兆候的な現象として起こったという指摘がなされている。リクルート事件や、宮崎勤事件など。全然違うタイプの事件ですが、どちらも「実体」が希薄になっている、みたいな見方ができるかもしれない。それまでの時代の犯罪を突き動かしていた実体――カネや身体からの遊離感覚が重要なファクターになっているという。それらは、政治家による発言にも反映されているでしょう。

コメカ　90年代って、日本の国内文化では「リアルとは何か」みたいなテーマが繰り返し扱われていた印象があるんだけど、そういうテーマ設定が行われがちだったこと自体が、「カネや身体からの遊離感覚」がある程度広く共有されていたことを意味していたんだろうな、と思ったりもする。80年代に組みあがっていった環境が自明化したのが90年代、というか。政治家の意識や在り方も、当然そういうところから無縁でいられなかったわけだよな。

パンス　反動として、リアルなものは何かという再定義を始めないといけないような機運があったと見ることもできる。それらがどういったものだったかはこれから言及していきます。

最近ネット上などで「90年代とはなんだったのか」みたいな話が盛んにされております。そこで当時の本を読み返したりしてる日々なんだけど、調べながら改めて考えると、80年代後半〜90年代初頭（平成初頭）の日本社会にフォーカスすると、かなりリベラルだったんじゃないか!?という気がしてきたんだよね。むろん「今と比べたら」というのも付け加えるんだけど。そんな話を友人にしたら、「そんなことはないだろう！」と言われてしまったんだけども。

コメカ　「平成初頭の日本社会」がリベラルというのは、政治とか文化とか、諸々取り混ぜて総合的に、みたいな意味で？

パンス　具体例を挙げていきます。「何をもってリベラルか」という定義はおいといて、基準とするのは現代の「気分」としてのリベラル感。まず、89年に与野党の議席数が逆転。土井たか子が女性初の社会党党首となり、93年には女性初の参議院議長に就任。また、先の戦争を受けてアジアへの視点が切り開かれた。細川護熙が93年に謝罪、続いて河野談話・村山談話が発表される。市民レベルでは、環境問題、性的マイノリティに関する議論が盛んになる。これらの例が実際に社会全体に敷衍したかというと、全くそんなことはないゆえに現在も問題が続いているので、「そんなことない」という指摘は十分に理解できるのだけど、そのうえで、今各所で繰り広げられている議論がこの時点で現れていたというのは押さえておいてよいと思います。

コメカ　たしかにこの時期こうした事例や出来事があったことは、今では話題に上りにくいな。ネットやSNSでは、90年前後の日本社会なんてジェンダー観や環境問題についてはただただ暗黒時代だった……みたいな印象を持たれがち、っていうのはある。

サブカルと政治

パンス　また、90年代初頭における「サブカルから見た」政治意識というものを、いくつかの例を挙げてみます。

岡崎京子『pink』（マガジンハウス）では、主人公が体を売ったおじいちゃんが、リクルートを想起させる事件の関係者として逮捕される様子を「テレビで見て」はしゃぐというシーンが出てきます。この全体的な現実感の希薄さと、逆説的にその希薄さこそが現実的である（リアルである）という思考は、のちに『リバーズ・エッジ』（宝島社）ではウィリアム・ギブスンを引用した「平坦な戦場」という言葉で表現され、鶴見済『完全自殺マニュアル』（太田出版）や宮台真司『終わりなき日常を生きろ』（筑摩書房）あたりまで、当時の先鋭的な社会イメージの基調となりました。

コメカ　「平坦な戦場」「終わりなき日常」、つまり世界の終わり（＝「デカい一発」）が来ることのない退屈な世界を如何に生きるか、みたいなテーマが、この時期切実な問題として問われるようになる。『pink』のユミちゃんにとってのテレビの向こう側の政治も『リバーズ・エッジ』のハルナにとっての川べりの死体も、実感の湧かない現実感の希薄なものとして描写されていた。延々と続く日常のなかで、社会や現実に対してリアリティを持てないまま生きる……といった構図は、岡崎の初期作品においてはある種オプティミスティックに描かれていたんだけど、彼女は90年代半ば頃にはそこにある閉塞感や抑圧を強い筆致で表現するようになっていった。

パンス　また、先日90年の「宝島」を読んでいたんですが、政治なんて全然関係ないという紙面かと思いきや、総選挙の総括なんて記事が載っているんですね。前年の参院選で社会党が大勝しましたが、このときは自民党が再び返り咲いたということで「一体どうなる!?」的なアプローチです。因みにこの総選挙では、麻原彰晃率いる「真理党」や、太田竜の地球維新党も候補者を立てて、全員落選しています。ここでも現実感の希薄さと現実がクロスするような状況が現出しているといえますね。「宝島」記事の執筆者は呉智英。80〜90年代にかけて、マンガ評論なども通して簡潔・明解な文体で「戦後民主主義」批判を打ち立て、人気を博した評論家でした。

また別の例を上げます。見津毅『終止符からの出発』（インパクト出版会）を読むと、当時のパンクスなどを含む若者たち――外山恒一は「ドブネズミの世代」とカテゴライズしています――が、反天皇制、反管理社会を掲げ、原宿のホコ天などでパフォーマンスを繰り広げるさまが記録されています。見津が90年代初頭に残したルポなどを読むと、題材となっているのは入管闘争、路上生活者の問題、反差別など、現在のネットで話題になっている問題が出揃っています。一般的にはほぼ無関心に貫かれていたテーマに向き合っていた若者がいたという事実は見逃すことができません。

コメカ　90年前後のユース・カルチャー状況というのは概ね「非政治的」だった、と自分もざっくりと言ってしまいがちなんだが、こうして細かく見ていくとはっきりと「政治的」な動きというのも、規模は小さくても確実にあったということですね。ここ最近、90年代というのは文化的暗黒時代（差別や暴力がサブカル領域でただだらしなく野放しにされていた、というような）のように見られているところがあるけれども、実際には様々な動きや位相があったと。ただ、もちろん実際酷かった部分はいろいろあるんだけど……。

パンス　この会話でも「実際酷かった部分」はどのへんだったのかが明らかになるとよいですね。徐々に具体化していくとして、この時点でひとつ言えるのは、90年代には、その前時代からあった感覚がやたらと肥大化していったような側面があったこと。それと、さっきの「リアル」という話に繋がりますが、思想的に「リアルでないもの」を指弾して「次の社会」を模索するような動きがあったこと。これはやはり、ポスト冷戦後の社会において「保守／革新」の力学が不安定になった状況が影響していたといえるでしょう。

コメカ　冷戦後の社会像・世界像を模索する！というようなモチベーションが、文化の領域でも政治の領域でも展開されていた感がある。これこそが新しい「リアル」なんだ！と提示することを、さまざまな人が狙っていたというか……。それこそこの当時の新党ブームを牽引した日本新党も、55年体制の「次の社会」のビジョンを提示して、実際政権交代まで実現してしまったわけだし。

大変動と「政治離れ」のはじまり

パンス　平成の初頭は政治が大変動していました。「政治離れ」という現象があるとすれば、この頃からと言うのが僕の見解です。が、今のような「政治を冷笑する」みたいな感覚とは違っていて、単に「本当に意識されていなかった」ということなのではないかと考えています。要するに、ほとんどの若者たちはカルチャーのほうに夢中で、政治なんてものは年寄りがやんややんやとやっているイメージだったかと思います。目立った社会運動もありませんでした。薬害エイズの運動くらいでしょうか。「ボランティア」がブームになるのもこの頃です。さらに言うと自己啓発や「自分探し」もこの頃からゼロ年代にかけての大きなムーブメントです。政治や社会の動きよりも、新しい文化運動や自己への追求が優先されていましたが、それはそれで強い熱気があり、当時生まれたカルチャーの数々は、現代にも強い影響を及ぼし、消費されています。なおかつ、そのようなムーブメント自体や、必然的な帰結としての政治忌避自体が極めて「社会的」であった、と僕は捉えていますが、この話は長くなるし、失言から離れ過ぎてしまうので、別の機会にします。

コメカ　そうね、さっき話したように細かなアクションや運動はいろいろとあったにしても、基本的には政治に対して素朴に無関心な若者が増えていた時期だったとは思う。

パンス　政治状況の話に戻ります。1989年総選挙の敗北と女性スキャンダルの責任を取って、宇野首相が辞職。「なりたくて首相になったんじゃない」という正直すぎる失言を残しています。続く海部俊樹は清廉なイメージで（水玉のネクタイなど）ボロボロになった自民党のイメージの転換を図りました。この頃、「政治改革」が本格的に議論に上るようになります。続く宮澤喜一内閣では佐川急便事件が発覚、副首相ポストの金丸信が議員辞職するところまで展開し、政界が荒れます。ところで金丸信は「マドンナ旋風」の頃、女性議員に対し「バーのマダムが当選したようだが政治がわかるのか」などと発言しています。

１９９２年12月に自民党の小沢一郎らが新派閥結成、翌年、羽田孜らと新生党を結成。細川護熙元熊本県知事は「日本新党」を結成。武村正義らは「新党さきがけ」を結成。ここから「新党ブーム」が巻き起こります。これら新党と公明、社民連などが非自民政権樹立に向けて総選挙で協力します。この頃、武藤嘉文外相が「宮澤さんがお亡くなりになると、大勝利になるかもしれない」と、大平正芳を受けた不謹慎発言をしていますね。同じ頃宮澤喜一首相は「社会党はCMで言えば『具が大きい』じゃなくて、具のないカレーライスだ」などと批判。安達祐実のこのCMを覚えている方も多いでしょう。結果、総選挙で自民党が過半数割れ。ここで「55年体制」は終了。非自民連立の細川護熙内閣が発足します。

ちなみに安倍晋三と枝野幸男は、このときの総選挙で初当選なので同期です。安倍晋三は初の政治家生活を「野党になった」自民党で迎えることになりました。いっぽうの枝野幸男は日本新党からのデビュー。

コメカ　小池百合子と同窓なんだよねえ。現状を考えるとなかなか感慨深いものがある。

パンス　細川護熙は「腰だめ」発言が有名ですね。１９９４年2月、突然「7%の国民福祉税」

を発表し、どういう計算になっているのか問われると「正確にはじいた物ではない。腰だめの数字だ」と。そして翌日撤回するというよく分からないハプニングを起こしていました。

コメカ　なんでそんなざっくりとした発言をしちゃったのかという……。しかしこの頃の状況見てると、2012年からもうずーっと自民党政権の時代を生きている今の自分たちからすると、ちょっと想像しがたい激動ぶりである。余談になっちゃうけど、この時期って文化的にも、80年代のセゾン・カルチャーみたいなものとは違うイメージのもの、ストリート・カルチャー的なオルタナティヴなものが求められるような流れが、国内にはありましたね。ニューウェーブロックから、ミクスチャーロックやヒップホップ、クラブミュージック等への移行みたいな。やっぱりいろんな意味で変化の時期だったんだな〜と思ってしまう。

ナショナリズムの台頭

パンス　そうそう。都市中心だったのが郊外化してきたとも言えます。90年代前半には差別的な失言が多めに見られるのですが、これは別章に譲りまして、後のナショナリズム勃興に繋がるものを取り上げてみようと思います。1990年10月に石原慎太郎が「南京大虐殺は事実ではない。中国人が作り上げた話」という発言をしているのだが……。これは米国版「プレイボーイ」インタヴュー記事での発言で、日本国内ではさほど話題にならなかったという。

コメカ　また石原だよ！　失言のオンパレードだな。南京大虐殺に関する論争は1970年代から活発化していたけど、政治家が公の場で虚構説に類する言葉を口にしたのは1982年の松野幸泰の発言ぐらいで（戦闘犠牲であって虐殺ではない、という主旨の発言）、ここまであまり無かったみたいだね。

パンス　そう。この頃からやたらと続きます。1994年の永野茂門法相の「南京大虐殺はデッチ上げ」発言は大問題になり、テレビでもよく取り上げていて、僕も小学生だったけどリアルタイムで覚えてます。永野は陸上幕僚長を退官したのちに政治家になるという珍しい経歴なんだよな。このときは羽田内閣で、その前の細川内閣のときに「侵略行為や植民地支配」を謝罪していたにもかかわらずの発言で、中国・韓国からも大きな反発を受けました。のちに発言を全面撤回して陳謝、事実上更迭されています。

コメカ　1996年には藤岡信勝や西尾幹二らによる「新しい歴史教科書をつくる会」が結成されている。彼らはいわゆる戦後民主主義的な歴史観を「自虐史観」と捉えて、それに対するオルタナティヴな歴史記述・歴史教育を試みた。その内実は端的に極右的・自国中心主義的な歴史観だったと思うんだけど、これもまた冷戦構造下からの「次の社会」への模索の動きのひとつとしてあったわけだよね。そういう流れと、石原や永野の失言が表に出てくるような状況というのは、同期するようなところがあったと。

パンス　アジア・太平洋戦争に対する日本の謝罪が強く押し出され始めた状況で、国内政治のなかでの反動も活発化していきます。

コメカ　反動の対象とされ得る程度のリベラリズムを政権・国家が一応体現していたという意味で、さっきの「昭和末期~平成初頭の日本社会にはリベラルな部分があったんじゃないか」って話に繋がるな。こういう反動的な動きや感覚がむしろ一般層にまで広く浸透したのがいま現在というか。

タテマエとホンネ

パンス　ただ、この「反動」とはなんだったのか、という点を考えると難しくなってきます。ポイントとなるのは、現在に至るこの類の失言が「こっちがホンネなんじゃないの」というメタ・メッセージを発しているところかと。第二章でも触れた加藤典洋『日本の無思想』（平凡社）という本があります。「タテマエとホンネ」について言及されているんだけど、例えば永野法相は失言のあとにすぐ撤回して事実上更迭されるわけだけど、「なぜすぐ撤回できちゃうのか」という点に注目しているのが興味深い。先日DaiGoの動画が問題になったときにも思い出した。すぐに謝罪したけど、そんなにすぐ考え方を180度変えられるもんなのか!?というのは多くの人が思うところですよね。

『日本の無思想』では、「タテマエとホンネ」が一見伝統的な日本文化の顔をしているけど、じつは戦後になってから形成された概念だと明らかにしたうえで、二つは相互に補完し合っているといったような見方をしている。最近は醜悪な「ホンネ」ばかりがネットなどに溢れる状況に抗して「タテマエ」が大事だ、とする考え方を主張するのをしばしば見かけるけど、僕が少し気になるのは、それ自体が「タテマエとホンネ」の二重構造を認めることになってはいないか、ということ。

コメカ　加藤はこの「タテマエとホンネ」という在り方は、「日本の戦後の思想状況を象徴するような巧妙な自己欺瞞の思考装置」である、と書いている。永野の失言に対する朝日新聞の当時の批判も、「タテマエとホンネ」という建てつけを前提にしたものになってしまっている、とも書いているね。「ホンネというのは、信念ではありません。信念とは、前言撤回によって崩れるもの、その発語によってささえられるもののことだからです。信念ではないのに、それが信念として通ってしまう。そのいわば贋金製造装置が、タテマエとホンネという考え方だということになります」、そしてその装置が作られたのは「戦前から戦後にかけて、僕達から、いわば

「本心」というもの、「信念」というものが根こそぎにされるような切断の契機があった」からだ、という論旨で話が進む。

「タテマエとホンネ」という考え方の存在を認める共同性が支えているのが、簡単に前言撤回してしまう失言政治家たちであり、そして美しい「タテマエ」を重視しようと提言する人々もまた、実はその共同性に支えられている、ということにたしかになる。加藤はこういう「タテマエとホンネ」が覆う状況のおかしさを乗り越えるためには、改めて現代社会における公共性について考えるしかない、と語るわけだね。

パンス　ここで「信念」ってのが出てくるのが重要。加藤も例に挙げてる通り、信念をもって撤回を拒否したパターンとして、本島等長崎市長の「天皇には戦争責任があると思う」という発言があります。これは右派からしてみれば「失言」にあたりますね。本島は撤回せず、結果的に右翼に銃撃されるという事件が起こりました。ただ、この著作ののち、21世紀以降の日本政治にはさらなる変化があって、撤回しないで適当に済ませるというスタンスも一般化してしまいました。これをどう考えるかというのが課題になるけれども、そこで「タテマエとホンネ」が成立していた状況を取り戻すわけにはいかないでしょう。

「タテマエ」を再興しよう、という思考は、極めて反射的だと思うんです。ある批判対象に対しての反射。そういう意味で、90年代は逆方向に同様の動きがあったと捉えてみるといいと思います。ここで最初の話に戻るけど、「リアル」の内実にはそのような側面があったのではないかな。

思想的な場だったら、知識人的な流れを批判して「リアル」な立場を標榜してみたり。小林よしのりがその筆頭になるけれども、ビートたけしの時事評論を挙げてもいい。

コメカ　ビートたけしはこの時期、世間の「タテマエ」をけなす・笑うという当初から持っていた芸風を更に加速させていて、ほとんど新保守的な戦後民主主義批判を雑誌連載等で繰り返していた。タテマエでキレイごと言いやがって、ホンネはこうだろ!というような。「ホンネの共同性」を浮かび上がらせることでひきつった笑いを呼ぶという、シニカルなコメディセンスがデビュー以来の彼の武器だった(「赤信号、みんなで渡れば怖くない」)。「タテマエ」の対概念としての「ホンネ」を露出させることが「リアル」な在り方だ、というような観点が、90年代にはたしかにあったと思う。「実際酷かった部分」っていう話はそこに繋がる気がするんだけど。信念の在り方が問われるわけじゃなくて、例えば美辞麗句が並べられていたりヒューマニスティックだったりする「タテマエ」の対概念としての、露悪的な「ホンネ」を露出させることだけが目的化しているような。そしてその裏返しの状況としていま現在の、露悪的な「ホンネ」の対概念として美しい「タテマエ」を用意しよう、という反応はたしかにある……。応急処置的な対策としてはある程度必要性があるような気もするけども。

パンス　とりあえず暫定的に結論づけるならば、どっちに振れたとしてもバランスが悪くなっちゃうんだと思うんです。しかし、その「バランス」が公共性ってことなのかもしれない。リアルさの中で露悪性が強まっていったことに対する問題点はあるのだけど、だからといってリアルを全部封じればいいわけでもない。そのへんを試行錯誤しながら「信念」を持つというのが大事だと僕は思っているけれども。

コメカ　加藤は、言葉が力を持つ社会を回復するために必要なのは、「タテマエとホンネの一五センチのものさしを、公的なものと私的なものの両方向で凌駕する三〇センチのものさしを用意すること」だと書いている。ハンナ・アーレントが言うような古代ギリシャをモデルにした公共性はもはや成立不可能であり、現代の公共性は個々の人間の私利私欲の上にしか築かれ得ない（私利私欲こそが人間間の対立を生み、その調停の必要性＝公共性の必要性を発生させる）、だからそのことについて日本の文脈のなかで考えなければいけない、というのが、彼の考えだったわけだね。とりあえず、70年代から現在に至るまで、こういう形で公共性の再検討が広く行われる状況になっていないとは言える。

デフレと文化

パンス　このあたりの話は現代について語るときにまだまだ継続したいです。90年代に戻りますね。繰り返しになりますが、最近ネットで言及される「90年代」の精神性というものがいまいちピンと来てなくて、それはコンテンツと内容における善悪の話ばかりになりがちだからだと思うんです。それだと「なんでそうだったのか」という問いに答えられないと思っているんだけど、じゃあどこから切り込むかと考えたときに、当時の経済状況についても言及したほうがいいと思っています。

つねづね不思議なのは、当時は不況かつ、労働環境も大きく変化していた時代でした。「経済の低迷とバブル期の新卒過剰採用、中高年齢層に達した団塊世代の人件費負担、後発諸国の経済的台頭」（本田由紀「若者の困難、教育の陥穽」『平成史講義』所収）さほど大きな社会運動は起きていなかった。政治参加から極めて遠かった。参院選の投票率ワーストは1995年です。ワーキングプアの問題などがメディアで取り上げられるようになるのはゼロ年代後半以降。その一方で、90年代の文化状況を見るとじつに急進的に見える、単純に言いかえると元気が良い、というのが後年から見ると実に興味深いんですね。これは「当時の若者の責任を追及するぞ！」と言いたいわけではなくて、ちゃんと理由があるわけです。水越真紀が『永遠のフィッシュマンズ』（Pヴァイン）内のコラムで明確に書いてました。「円高でデフレだったからモノの値段が安かった」。これは今あまり取り上げられない事実ではないでしょうか。子どもだった自分も「価格破壊」と言ってマックの値段が安くなっていくのが印象に残っていますが。

コメカ　マクドナルドの値段がめちゃくちゃ下がっていったのは子ども心にすごく印象的だった！（笑）

ゼロ年代以降は速水健朗が指摘した「デフレカルチャー」的な文化がどんどん発生していくわけだけども（ケータイ小説なりBOOKOFFディグなりショッピングモール文化なり）。最近ネットで糾弾されがちな「90年代」って、こういうゼロ年代以降の流れと80年代までのスノビッシュな流れの境目としての「90年代」、って印象がある。デフレカルチャー的状況は始まってるんだけど、まだ中身は80年代からの流れを引きずってたというか。

パンス ショッピング・モール的な風景は地方では90年代からグイグイ進んでいました。僕は田舎の子どもだったので、それを目の当たりにしながら育っていた。むしろ地方のほうが進行が速くて、都市のほうが文化的に爛熟しているぶん動きが遅かった、みたいな見方ができるかもしれません。その二つをまだまだ元気だった出版文化が繋いでいたような。僕はショッピングモールに入ってる本屋で黒田硫黄に出会ってるので……。

コメカ ぼくは90年代は埼玉県のベッドタウン＝典型的郊外に住んでた子どもだったから、都市／地方の狭間感のなかを生きていた感じだな〜。90年代はまだインターネットが全然浸透してなかったから、出版や音楽産業の構造にさほど抜本変化が起きてなくて、なんの変哲もない街の本屋やCD屋にも、サブカル的な商品が置かれていたりした。別角度では、ヴィレッジヴァンガードみたいなビジネスが成立したりする状況でもあった。消費文化のなかにまだ幅を持たせることがなんとかできたんだよな。

パンス　雑誌がまだ健在で、どの雑誌を読むかがその人のアイデンティティに繋がっていくような感覚があったのは、今からするとあまり伝わりづらいかもしれません。そのなかで、いわゆる論壇誌も変化していく。権威的な存在感が徐々に解体されていって、倉橋耕平『歴史修正主義とサブカルチャー』（青弓社）で指摘されている通り、アマチュアリズムが勃興する。『正論』が読者投稿欄を強化していたという指摘にはなるほどうなずきました。知識階級の枠組みの変化とは、それまでいた権威――これがいわゆる「リベラル」的なものだった――への反発でもあった。

コメカ　〈新しい教科書をつくる会〉のメンバーも学者や知識人ではあるけども、歴史学の専門家は不在だった、つまり歴史についてはアマチュアだった。90年代って、「朝日岩波文化的なものを破壊する」、みたいな態度や構図がまだギリギリ成立した時期だった気がするんだよなあ。ゼロ年代に入ると「論座」も休刊しちゃうし。破壊する対象が衰弱しちゃう。

パンス　安倍晋三が執拗に朝日新聞を攻撃するのも、その名残というか。それを持ち上げるネトウヨの人たちは文脈分かってるのかなあ、とよく思うけど、「破壊する」のが、90〜ゼロ年代にかけてひとつの行動様式になっていく。ここで当時の失言を振り返っていくと、奥野誠亮元法相「当時は公娼として認められており、慰安婦は商行為として行われた」（1996）、板垣正参議院議員「従軍慰安婦問題は歴史的事実ではない」（1996）、江藤隆美総務庁長官「朝鮮半島の植民地支配は日本の侵略ではない」（1997）……、などなど枚挙にいとまがないのだが、これらの失言に見られるロジックはのちのネトウヨの基本にもなっている。そして、このあたりの失言をメディアが大きく取り上げられていたのは、当時の時点ではこれらを問題化する感覚がまだ盛んであったからともいえます。

コメカ　今ではこういう発言が、世間においてもとくに違和感無く当たり前のものとして捉えられるようになっちゃったからねえ……。「反日」「自虐史観」みたいなセンスというのが、ものすごく一般化しちゃったなとよく考える。ネトウヨとまで行かなくても、「日本が好きで何が悪いの?」というような開き直り的な感情がゆるく広く共有されたというか。２０１８年に発表されたゆずの「ガイコクジンノトモダチ」という楽曲の歌詞が、その感覚をよく表現してしまっているなあと思う。

世紀の変わり目

パンス　当時は反動的とされていた思考が、今は普通になっちゃいました。だからある意味、反動だった人たちが勝っちゃった、数を取っちゃったんですね。世紀の変わり目は、まさにその変化の端緒だった。ドラゴン・アッシュの「日出ずる国に僕ら生まれ育ち」なんて歌詞が良識派の眉をしかめさせていたのも今は昔。それと同時期に首相の座を得た、森喜朗っていう人がいます。

首相在任時期から、その後現代に至るまで数々の失言を残した、現代の失言王といえるでしょう。彼はとくにナショナリスト的な気質を前面には出していないのに、発言自体はほとんど極右のようという、無自覚さも特徴。

コメカ　よく言われるけど、「体育会系・親分肌のオヤジ」的なキャラクターなんだよね、森喜朗って。昭和の家父長制的価値観が根っから染みついてるから、発言にもナチュラルに右派的・男性中心主義的な世界観がモロに出てくる。こういうオヤジは昭和期には派閥やムラの親分として機能したんだろうけど、今ではひたすらズレと軋轢を生み続けてますね。首相在任期間にもポンポンと失言を繰り返して、マスコミのかっこうの餌食になった。

パンス　こちらも首相就任直前、「アメリカでは停電になると、必ずギャングや殺し屋がやってくる」なんてのも。ただの街場のおじさん感がすごい。

コメカ　森以降、小泉純一郎・安倍晋三・福田康夫と、清和会から総理大臣が続けて輩出され、自民党内最大派閥となる。この流れの発端となった森がこういう「街場のおじさん」風味＝鈍重な昭和中年的キャラクターだったことが、この後の小泉の大人気状況を発生させる原因になった、みたいな指摘もよくされているよね。

パンス　２０００年４月に小渕恵三首相が倒れ、緊急入院（５月14日、死去）。その後継として、野中広務、亀井静香など５人によって密室で決定されたのが森内閣。そして就任後すぐ、２０００年５月15日にあの「**日本は天皇を中心とした神の国**」発言が出ました。ちなみに同年４月、石原慎太郎東京都知事も「**不法入国の三国人などの騒擾事件には治安出動してもらう**」という発言を行なって大問題になっていたのでした。

コメカ　極右的と言ってもいい失言が同時期に出てきていたんだねえ。小渕が身を置いた経世会〜平成研究会のハト派的スタンスはこのあたりから自民党内で傍流化し、清和会的なタカ派の失言が大増殖することになる。石原も国会議員時代には、青嵐会〜自由革新同友会を経由して清和会に所属していた。

パンス　「神の国」発言で森内閣の支持率は５月の時点で19％になります（朝日新聞世論調査）。その後６月にも「**投票に行かないで寝ててくれればよい**」と発言して、世論の反感を買い続けていく。小泉の前に、２０００年11月には加藤紘一が森退陣を要求する「加藤の乱」が起こっている。結局達成はできなかったのだけど。僕は本名加藤っていうんだけど（笑）、このときは政治に興味のない父親も「加藤の乱だ！」と勇敢さを称えていたので、広く庶民の共感を呼んだニュースだったと思います。その後加藤は２００１年２月、「全国行脚の会」と題して人々の話を直接聞きに行くなんて試みも行っていました。安居酒屋で開かれたネットのオフ会にも登場したなんて話が話題になっていた。

コメカ　これは失言じゃないんだけど、加藤の乱のときに谷垣禎一が「あなたは大将なんだから！」と泣きながら加藤に語る、っていうのがあって、まあ宏池会という派閥のなかでの激動のドラマではあるわけだけど、「なんだかな〜」と当時思った記憶がある。谷垣が持つ昭和期の自民党的なもの＝党内政治におけるロマンティシズムみたいなものがズレた形で露出した感があって、子ども心に「ドンくさいおじさんだなー」と思っていた。一方で、加藤のネットとの距離感に関してはプチ鹿島が「今から19年前の時点でネットでの「自分への熱い支持」を「世の中の全体意見」だと取り違えてしまった加藤紘一。いろいろ見えてなかった加藤紘一。皮肉にも加藤はここでも先進的だったのである。今のＳＮＳ時代を先取りしていた」と指摘してる（https://bunshun.jp/articles/-/11656）。たしかに加藤には、良くも悪くも党内政治における根回しみたいな昭和期政治的センスが無かったんだろうね。

パンス　２００１年2月のえひめ丸衝突事故の際、森首相は事故を知っていたのにゴルフのプレーを続行してたということでまたしても問題になった。チョコレート（金品の隠語）を賭けていたんじゃないかなどと国会で追求され「(チョコレートについて) 何事にも努力目標があるわけでしょう」という珍答弁もしています。

コメカ　「努力目標」という言い回しは悔しいけどちょっと笑ってしまうな（笑）。しかしこの人はなんでいちいちこういう、「反論になってない反論」をするんだろうなあ。何をっ、一言言ってやるぞ！みたいな感覚なんだろうか……。

パンス　その後も辞任寸前まで「任期より人気がでるようにがんばりたい」などのダジャレで国会を沸かせていました。かなり脱力した雰囲気のなか、4月には総裁選の圧倒的勝利で小泉純一郎が当選。田中真紀子など閣僚の女性は最多の5人で、新風を巻き起こしました。

曖昧な不満と小泉フィーバー

コメカ　遂に小泉時代に。彼が首相になったタイミングは自分も世代的によく憶えてるんだけど、とても異様な感じがしたんだよなあ……。余りにも世間が熱狂してて怖かった。「らいおんはーとの小泉です」とか本人が言ってるのも「気持ち悪っ！」と思ってた記憶がある。

パンス　「らいおんはーと」は小泉のメールマガジンのタイトルにもなっていますね。ちなみに編集は安倍晋三。あの熱狂はすごかったです。小泉の斬新なところは政策ではなく、与党・野党の構造を超えて敵・味方の構図を作り、国民に直接語りかけるようなパフォーマンスをした点にあると思います。「私の内閣の方針に反対する勢力はすべて抵抗勢力だ」と。「抵抗勢力」「構造改革」など、ふわっとした言葉の力も心得ていました。

コメカ　そうそう、小泉メールマガジンは今でもネット上で全号読むことができます（笑）。（https://www.kantei.go.jp/jp/m-magazine/backnumber/2001/0614.html）「らいおんはーとの小泉純一郎です」は、このメールマガジン創刊号での小泉の文面なんだよね……今読んでもこのノリはキツイ。

たしかに小泉は、「自分こそが改革者なのだ」みたいなイメージの植え付けが上手かったね。「自民党をぶっ壊す」みたいな言葉にしても、実質的には清和会出身の人間として橋本派＝経世会〜平成研究会を「ぶっ壊す」という内実だったわけだけど、とにかくなんだかオルタナティヴな改革者、みたいなイメージだけが国民には伝わっていった。これも当時の記憶なんだけど、自分の大学時代に、ロック好きな先輩が「自分は小泉純一郎が好きだ」と言っていて驚いた記憶があるんだよね。カウンターカルチャーが好きな若者も、小泉が当時まとっていたイメージには好意的だった。オルタナティヴなイメージというのを本当に上手く活用した総理大臣だったんだなあと思う。

パンス　「生活保守だけど、漠然とした不満はある」。ポスト戦後、とくに80年代以降の国民感情の底流にずっとあったものだったと思うんだけど、90年代の「改革」イメージはその曖昧な感情に訴えました。それがとうとうフィーバーしちゃったのがこの時期でしょう。具体的にどうするかというよりなにかに対抗してる印象と「感動」を作ろうとする。小泉はこの年8月に靖国神社参拝。当時テレビで見て覚えてるのが、小泉が鹿児島の特攻隊の施設に行って感動して泣いてる姿だな。自分は今よりも増して政治少年だったので（笑）、特攻隊を美化するなとムカムカしていたのですが、その直後の9月に「9・11」が起こって、思わずゾッとしました。これもまた「特攻」じゃないかと。

コメカ　貴乃花最後の優勝に際して、「痛みに耐えてよく頑張った。感動した」と言ったのは2001年か。あのときも異様なフィーバー具合だったな〜……。とにかく国民のエモーションに対するアプローチが上手かった。当時もしSNSがあったら、熱狂的な小泉支持のうねりが起きていたかもしれない。

小泉は首相任期5年半で6回も靖国参拝している。清和会らしいタカ派ぶりで、9・11時にも強力にアメリカ支持を表明する親米右翼総理だった。西部邁や小林よしのりみたいな反米保守は小泉を攻撃してましたね。ブッシュ政権が言う「テロとの戦い」「悪の枢軸」みたいな物語を小泉が強烈に推して、そしてそれが肯定的に日本国民に受けとられていくのが当時怖かった。

パンス　あと、就任当初に小泉とタッグを組んでた存在として田中真紀子がいます。外務省や鈴木宗男と対立して混乱を招き、結局更迭されちゃうんですが、ワイドショーではその様子が連日報道されていました。とにかく登場人物のキャラクター性が強かったので取り上げやすかった。

田中真紀子の失言としては、小泉純一郎内閣発足直前の「小渕の恵三さんはコロッと死んじゃった。あれを『お陀仏さん』という」とか、鈴木宗男に対して「なぜ2時間も質問するのよ。やめさせなさい」などが挙げられます。

コメカ　「御陀仏さん」にしてもそうだけど、田中真紀子は「それもうただの悪口じゃん!」みたいな失言が多いんだよなあ。加藤紘一に対して「うらなりのさくらんぼ」とかさあ(笑)。

パンス　そういったワイドショー的ゴタゴタののち、北朝鮮の拉致被害者問題が大きく報道されるようになる。2003年イラク戦争への派兵にしろ、なし崩し的に軍事に傾斜していくのがこの頃の雰囲気でした。「敵」が国外に向いた。そんなわけで勇ましい失言も多い。なかでも2003年5月、安倍晋三官房副長官「安倍内閣が実現したら、まず憲法を改正しなくてはならない」は、今から考えると味わい深いものがありますね。

コメカ　小泉も2003年4月、総理大臣就任後初めての記者会見で「集団自衛権というのは、日本政府は今の解釈を変えないと言って今までやってまいりました。ですから、これを変えるのは非常に難しいということはわかっています。今後、憲法、本来、集団自衛権も行使できるんだというのであったらば、憲法を改正してしまった方が望ましいという考えを持っているんです、私は」と発言している。これは結局2014年、第二次安倍内閣によって解釈変更が行われてしまうわけだけど。１９９２年のＰＫＯ協力法以降、このあたりでいよいよ「〝敵〟が国外に向いた」ことで、勢いづくわけだなあ。しかし安倍は官房副長官時代にこんな発言してるのね。彼のイデオロギーを考えれば通常運転って感じだけど、それにしても随分勇み足だな〜。

パンス　２００３年7月には小泉による「非武装中立論ほど無責任な議論はない」という発言も。80年代に中曾根・石橋論争などで戦われた論点も、すっかり切り捨てられてしまいました。

コメカ　非武装中立論争。１９８３年の予算委員会における二人の論戦では、ヤジに対して委員長が「国民注視の論戦ですからどうかご静粛に」「真剣な議論が続けられておりますから」と叫んだらしい。あらゆる意味で今では考えられない（笑）。そして中曾根は２００１年のインタヴュー（https://business.nikkei.com/atcl/seminar/19/00059/112900218/）では、「戦後、統治行為をやってきた首相は、鳩山一郎さん、岸信介さん、それに私です。一方、経済行為をやった首相は、吉田茂さん、池田勇人さん、それから佐藤栄作さん以降の首相です。小泉君は、統治行為をやる、私らの系統に入るんだろうと思います」、更に「21世紀の日本の国家像は、憲法に出てくるわけです。憲法改正に対して賛成が60％近くになった。日本の歴史的、伝統的な復元力、自発力が50年かかって出てきている。憲法改正は10年以内にできると思います」と語っている。これも実際にはできなかったわけだけど。当時の小泉の勢いに、中曾根も色々託していたんだなあという感じ。やっぱりこのあたりの時期に「踏み込んだ」感がある。

パンス　いっぽう国民感情に目を向けると、「国家像」を構築したいというよりは、排外主義的な側面が強くなった時代だったと僕は捉えています。ナショナリズムより、得体の知れない外国からの勢力を想像して排除しようとするような。その頃の政治家による排外的な発言を拾ってみます。2003年7月、江藤隆美元総務庁長官「不法滞在者は泥棒や人殺しばかりしているやつらだ」。もしくは日常のなかにいる犯罪者観も変わってきて、厳罰化の傾向も拡大。鴻池防災担当相「罪を犯した少年の親は市中引き回しのうえ、打ち首にすべきだ」なんて暴言も。

コメカ　江藤も元々タカ派議員ではあるわけだけど、この発言は本当に酷い。彼は95年にも「植民地時代に日本は韓国にいいこともした」と記者会見で発言して、総務庁長官を辞任してるんだよな。懲りずにまたこんな発言してたわけだ。鴻池も元からこの発言のようなわけのわからない他罰的な志向を持ってたんだろうけど、90年代以降、少年犯罪がセンセーショナルに報道される機会が増えていたから、こういう暴言を受け入れてしまう空気も当時一部にはあったように記憶している。そういう妙なエスカレートが本当に嫌だったなあ……。

パンス　2004年になると年金未納問題でやたら大騒ぎになる。このときの小泉首相「人生いろいろ、会社もいろいろ、社員もいろいろ」なる投げやり発言も有名。2004年4月にはイラク人質事件。このときのバッシングは酷いもので、今も定着している「自己責任」という言葉が登場。最近、歌舞伎町のTOHOシネマズの前に若者が集まってるんだけど、テレビのインタビューでそこの若者が真面目な顔で「(コロナ感染も)自己責任ですから」と言ってて暗い気持ちになってしまいました。まだまだこの概念定着してるな〜と思って。もっとはしゃいで顰蹙を買ったりしてもいいのに。などと年配の自分が無責任に言うのもなんだけど。

コメカ　実際、これ以前には「自己責任」という言葉は日常言語化してなかったもんな。河村文部科学相の「自己責任という言葉はきついかもしれないが、そういうことも考えて行動しなければならない」という言葉を筆頭に、このとき大勢の政治家が口々に、拘束された3人に対して「自己責任」を問うていた。「公」が「個人」の活動を保障する、ではなく、「個人」は「公」に迷惑をかけるんじゃねえ、という日本の社会感覚＝ムラ感覚を剥き出しにしてOK、という雰囲気があのあたりから加速した感がある。

パンス　ECD『ECDIARY』(レディメイド・エンタテインメント)が、ちょうどこの頃の時事と日常を捉えているんだよね。それを読んで「ムカムカしているのは自分だけじゃないんだ」と励まされたものでした。ECDもいた当時のインディペンデントな文化の中には、政治はもう最悪なので、脱社会的な志向で行こうみたいな雰囲気が少しあって、わりとシンパシーを覚えていました。高円寺に住んでたので「素人の乱」を覗いたりね。

コメカ　いま現在って、そういう「脱社会的な志向」が意外に2000年代よりも衰弱しちゃったところがあるよね。「対社会」もしくは「社会内」的な意味での広義のリベラリズムは当時よりも広い層に関心を持たれるようになった気がするんだけど、「脱社会」という感覚はむしろ理解されにくくなったというか。「単なるノンポリでしょ?」的に処理されてしまう。逆に言うと、「自己責任」的な論調を内面化した層は、(リベラルも含めて) いま現在の方がより拡大しているのかもしれない。

パンス　本当にそう思います。要するに逸脱が難しくなっちゃったんですね。その傾向は加速する一方なんじゃないでしょうか。そもそもコロナもあるので外で好き勝手できないし。社会について考えるときの選択肢が狭くなっちゃったとも思う。右か左かという極論が強い環境なので、どこにいるのか分からないような人は「フラフラするな!」と怒られるような(笑)。

その点、ゼロ年代中盤はまだ隙間があったような気がします。あんまり「昔はよかった」みたいな話にはしたくないですが。

実際はそれほど「よかった」とも言えない状況でした。なにせ2005年はホリエモンが大活躍していた。郵政民営化関連法案否決を受けて小泉が「郵政解散」を行い、対立候補のところに「刺客」として賛成派の議員をどんどん送り込んでいた。そこに無所属でありながら事実上支援するような流れで堀江も投入。メディアもそれをもてはやして、結果的に自民党が圧勝。ここは武部勤自民党幹事長「**堀江貴文・ライブドア社長は私の弟、息子だ!**」と、このタイミングで当選した杉村太蔵の「早く料亭に行きたい」という失言を挙げておきます。

コメカ　「私の息子です！」発言、あったな〜！　すっかり忘れていた、武部〝イエスマン〟勤（笑）。幹事長時代、彼は「小泉の偉大なイエスマン」を自称し、郵政選挙をとり仕切っていたのでした。そうだね、ゼロ年代半ばの堀江はスターだった。彼はシステムやゲームの隙間を上手く突いて、ニッポン放送を買収してマスメディアに喰い込もうとしたり、小泉の郵政選挙の中で日本政治に喰いこもうとしたり、新興資本家として既成ニッポンを侵食しようとしたところ結局どれも上手く行かず、最終的にライブドア事件で完全に躓くことになった。杉村太蔵は他にも「JRは全部ただ」とか、恐るべき無意識を剥き出しにし続けていてある意味すごかった。小泉チルドレンの秘蔵っ子（笑）。今でもちゃっかり政治解説風のよくわからない挙動をするタレントとして生き残っている。

パンス　タレントになってよかったよね。って普通にテレビ見ながら雑談してる人みたいになってしまった（笑）。翌年1月にはライブドア・ショックが起こり、永田メール事件など、キナ臭い出来事が続く数年間だった。そして第一次安倍政権に入ります。

コメカ　安倍晋三1回目のバッターボックスね。小泉の強烈なイメージの次だったから、世間的には地味なとっちゃん坊や的に受け取られてたような。

パンス　小泉のときのようなフィーバーはなかったですね。しかし彼の就任後、教育基本法が改正され、防衛庁が省に昇格、国民投票法が可決などなど、憲法と並んで戦後を支えた状況がどんどん変わっていきました。抗議活動もあったけど、総じて国民の意識は鈍かったです。そんな内閣も翌年にはスキャンダル続出で衰えていくのだが。失言だとまず、柳澤伯夫厚労相「女性は子どもを産む機械だ」がありました。

コメカ　これはもう総スカンを喰らいましたね、当たり前だけど。当人は「切り取りだ」とか分かりやすくするためにこの言葉を使った、とかいろいろ言い訳してたけど、女性を「産む機械」「装置」と語るのはどんな文脈においても不適切だろう、という。

パンス　「機械っていっちゃ申し訳ないけど」って前置きもしてたというけど、その前置きも全然意味ない！　とくに更迭などの処分はされませんでした。第一次安倍政権ではこのあと奇妙な事件が多発しています。松岡利勝農水相「水道水には『ナントカ還元水』とか、そういったものをつけている」も話題になったが、そのあと5月28日に自殺。現役閣僚の自殺は戦後初だった。その後農水相になった赤城徳彦も政治とカネの問題を追及され、なぜか顔に絆創膏を貼った状態で記者会見に現れた。結局いまだにいろいろ明らかになってないのだが、政治怖いな！　とおののきました。

コメカ　やたら疑惑が続出したんだよなあ。小泉時代には改革の気分がある意味アグレッシヴに演出されていたけど、第一次安倍政権はこういう暗い出来事の連続でジワジワ衰弱していくという……。支持率もガタ落ちしてるし。

パンス　どんよりとしていた。支持率低下もあり失言もどんどん取り上げられていました。久間章生防衛相「広島、長崎への原爆投下はしょうがない」も有名。9月に病気のため安倍首相は辞意表明。それを受けて小泉純一郎は「人生には下り坂、上り坂のほかに『まさか』という坂がある」という、失言でもないけどボンヤリした感想を残している。ちょっと息子に受け継がれている部分があるかもしれない。

コメカ　意味の無い言葉で文字数埋めるスタイルな。しかしなんというか、ゼロ年代後半にもなってくると、右派老人が漠然と酷い表現をする、みたいな失言ばかりどんどん増えてきてる印象があるなあ。政争とかそんなレベルのなかにすら無いというか…。

パンス　ただの暴言か、よく分からない迷言のどちらかになってきます。続く福田内閣ではまさに迷言、鳩山邦夫法相の「私の友人の友人がアルカイダ」が出てくる。これ2011年に真意を語っているんだけど、鳩山は蝶のコレクターで、コレクター仲間のアントン氏という人がジェマ・イスラミアと交流があったんだって。「そうなんだ」とは思うけど、そもそも記者会見でその話をする意味がよく分からないという（笑）。

コメカ　もうなんというか、「大丈夫か？」という感じになってくるんだよな（笑）。レトリックもなんかこう、小学生みたいだしさあ。まあマスコミが面白がって拾い上げてたところはあるだろうけど、それにしたってなあ。

パンス　テロ対策自体がデリケートな話題なんだからそんなにボンヤリさせちゃダメだろ！としか言いようがないですね。そのあたりとはちょっと毛色が違う迷言として福田康夫の辞任会見における「**あなたとは違うんです**」がありました。これはネットでAAが作られたり、Tシャツができたりとブームになった。全文は「退陣会見がひとごとのように聞こえる」という記者の指摘に対して、「人ごとのようにとあなたはおっしゃったが、私は自分自身は客観的に見ることができるんです。あなたとは違うんです」。なんか思わずこう言っちゃうのって、個人的には責める気にもならないタイプ。

コメカ　日本のネット的なコミュニケーションとして「イキリ」的な振る舞い・及びそういう「イキリ」的振る舞いをネタ化する作法というのがあるけど、それと政治家の態度というのがある時期以降妙にシンクロしちゃってるんだよなあ。非常にチャイルディッシュというか、子どもっぽくイキる政治家たちの態度をネット民たちが面白がってネタ化して、そしてそういうネタがネット的コミュニケーションのなかでじわじわとベタになっていく、っていう嫌な悪循環がある感じがする。何もかもが子どもっぽくなっていくというか……。

パンス　ネットでネタにされると政治家もある程度乗っちゃうからね。それが民意に見えちゃうんでしょう。まさにそこが可視化されたのが麻生政権でした。

麻生政権のゼロ年代性

コメカ　麻生政権。真っ先に「オレたちの太郎」が浮かんでくるわ……。そう考えると最悪だったなこの時期。

パンス　調べてみると総裁選で麻生が選出される直前（２００８年９月）、秋葉原に「麻生太郎氏専門ショップ」がオープンしてることが分かる。マンガ好きということで話題になったり、「ちょい悪オヤジ」と呼ばれたりしていた。麻生の周りにゼロ年代に話題を呼んだ要素が集まっている。

コメカ　2005年に『電車男』がドラマ化・映画化されて大ヒットしたり、ゼロ年代半ば～後半にかけて、いわゆるオタク系のサブカルチャーがその経済効果も含めて脚光を浴びていた。90年代には宮崎勤事件の影響もあり白眼視されることが多かったオタク文化が、やたら持ち上げられるようになった。90年代の渋谷と同じかそれ以上に、ゼロ年代の秋葉原という街はホットスポットとして扱われるようになっていた。当時はそれこそ『電車男』を生んだ2ちゃんねるも広く知られるようになっていたし、「ネット民」的な層というのが可視化されてきた時期だった。その層における「メインカルチャー」がオタク文化だったというかね。たまたま元々マンガ好きだった麻生は、（ただそれだけの理由で）その層から親近感を持たれることになる。麻生自身も当時その層を当て込んでいて、2006年外務大臣時代の会見では「2ちゃんねるって知ってる？」「インターネットに参加している人と麻生太郎は結構匂いが似ている」などと発言している……。

パンス　麻生自身も周りの持ち上げに乗っかって、ピカレスクというか、ハードボイルド的なキャラを気取るようなところがある。あのファッションもそうだし、毎晩のようにバーで会食して、「ホテルのバーは安全で安いところだと思っている」と言ったりね。

コメカ　公の場でもべらんめえ口調で喋ったりとかね。やたら自己演出するんだよな……。麻生ファンはああいう「悪童」的なキャラクターに親しみを感じるんでしょうが、政治家として延々とあんな振る舞いを続けていることは本当にどうかと思う。

パンス　あと、リーマンショック真っ只中で首相に就任しているわけだが、仕事がない人に対する一面的な見方をしているのも特徴です。ハローワークを視察したときに求職者に浴びせた「**今まで何してたんだ**」ってのがネットミームとして有名ですね。そのときの模様を「政府インターネットテレビ」で見ることができます。求職者との対話で麻生は「相談されるほうも、なんかないですかっていわれても」とか言って失笑してるのだが、「いや、やりたいことは決まってるんですけど」と返されるというシーンがある。勝手にイメージ押し付けてるところに腹立つんだよ。

コメカ　2007年麻生外相時代の講演では、日本と中国のコメの価格差について「**7万8000円と1万6000円はどっちが高いか。アルツハイマーの人でもわかる**」と発言してる。なんというか、さまざまな立場や状況にある人々に対してこの人はとにかく配慮や敬意が無い。端的に公人として不適格だと思うよ本当に……。やんちゃなキャラで生きていきたいんだったら、政治家以外の仕事で思う存分やればよかったのにね。

パンス　エリート家系だけど、ドロップアウトするという選択肢だってあるといえばあるが、まあそうはならないということです。麻生政権では保守派として知られる中山成彬も暴言を残している。「日教組の子どもなんて、成績が悪くても先生になる」。これによって在任期間5日間という記録を残しました。

コメカ　いやもう、シンプルに差別発言。右翼が忌み嫌う日教組だけど、中山は相当執念深くディスを繰り返してますね。「日教組はがん」「何とか日教組を解体しなければいかん」と鼻息が荒い。ちなみにその後中山は「日教組発言でクビになった私の言えることではないが、「震災が東北の方だからよかった」という今村復興大臣の発言は一発アウトだ」とツイートしていて、本当にお前が言うなという話である（笑）。

パンス　あとは田母神俊雄が出てきたりしてたのもこの頃だが、同時にまたしてもフィーバーして民主党政権に交代しました。この頃下野した自民党のメディア戦略については小口日出彦『情報参謀』（講談社現代新書）という本に詳しい。たぶん書けないことが書かれていないということも含めて浮き彫りになってる。この頃は元首相の安倍晋三による「史上まれにみる陰湿な左翼政権だ」なんて発言もある。安倍からは左翼政権に見えていたらしい。

コメカ　麻生も「市民運動と言えば聞こえはいいが、これだけの左翼政権は初めてだ。（自民党との）対立軸がはっきりした」と述べた、と当時朝日新聞に報道されてるね。ただ同じ記事の中で谷垣禎一も「内閣のメンバーを見ると非常に左翼的な政権になるのでは」という発言を取り上げられてるんだけど、翌日に「左」批判の真意を問われた際には「漠然たる印象で、今後どうなるかはよくみていきたい」と答えた、と書かれているのが面白い（笑）。

ネットという「現場」

パンス　とにかく民主党にダークなイメージを持たせたい気持ちもあったのだろうけど、当初は鳩山由紀夫人気に押されて上手くいってなかった。その後鳩山から菅直人に変わった頃に、尖閣諸島中国漁船衝突事件とそのYouTube流出という事件が起こる。この頃から、政治にまつわる事件の「現場」としてネットが出てきた。そして自民党もニコ生などを活用するようになる。東日本大震災のあと、松本龍震災復興担当相のパワハラ的な暴言が噴出するんだが、これは当初地方局レベルの報道だったのが、YouTubeに載せられたことで拡散していったそうです。

コメカ　そうか、たしかにここまでは、動画サイトやSNSで政治関連のスクープが拡散されることなんてほぼ無かったわけか。今では当たり前になり過ぎていて、かつての感覚を思い出せないな……。

パンス　ネットを通じてダイレクトに民意（ネット民意というべきか）が届くのを自民党は捉えていた。

２０１１年にはフェイスブック始めてるし、愚直に政策論争をやるより、目を引くコンテンツを作っていくことに振り切っていきます。２０１２年6月28日に放送されたニコニコ動画の「12時間ぶっ続け　まるナマ自民党」という番組は圧巻だよ。伊吹文明、町村信孝、二階俊博など重鎮が登場する「同期の桜ナイト」、ガンダム世代の議員による「本気で考える自民党ガンダム開発計画」、議員によるバンド「ギインズ」のライヴ、茂木政調会長とのツイッター対話集会などなど。政治とサブカルチャーが完全に合流したということでＴＶＯＤ的にも見逃せないイベントです（笑）。

コメカ　ギインズ、バンド名だけ聞くとジャンク・ロックっぽくていいですね（笑）。いやしかし、本当にネット民的なものに媚びてたんだな〜。ここでは「文化に政治を持ち込むな」論争は起きなかったんだろうか（笑）。自民党ネットサポーターズクラブ（Ｊ‐ＮＳＣ）も同時期２０１０年に創設されてるんだね。

パンス　ギインズは１９９７年から活動開始していて、2枚アルバムをリリースしている（笑）。Ｊ‐ＮＳＣも会員の囲い込みを通じて政権奪取を盛り上げた。この参加障壁の低さを設けたところは新しかったと思う。２０１２年、安倍晋三の総裁選演説のときにたまたま通りかかったんだけど、日の丸が振られまくっててゾっとしたなあ。いつの間にかここまで来てたのかと思いました。そして長期政権が始まるのだった。

第四章　失言2・0　2010年～

２０１３年　■左翼のクソども（水野靖久　3月7日　ツイッターに投稿）

■ナチスの手口を学んだらどうか（麻生太郎　7月29日　講演会にて）

■アンダーコントロール（安倍晋三　9月7日　オリンピック招致の演説）

２０１４年　■高齢者が悪いというイメージをつくっている人が多いが、子どもを産まないのが問題だ（麻生太郎　2月3日　後援会の集会にて）

■あの子、大事な時にはすぐ転ぶんですよね（森喜朗　2月20日　講演会にて）

■まず自分が産まないとダメだぞ（大西英男　4月17日　衆院総務委員会にて）

２０１５年　■日教組、日教組（安倍晋三　2月19日　衆院予算委員会にて）

２０１７年　■まだ東北でよかった（今村雅弘　4月25日　政治資金パーティーの講演で）

■こんな人たちに負けるわけにはいかない（安倍晋三　7月1日　東京都議選の応援演説中）

２０１８年　■『生産性』がない（杉田水脈　7月　月刊誌に寄稿）

２０１９年　■戦争しないとどうしようもなくないですか（丸山穂高　5月11日　懇談会の席で）

２０２１年　■女性がたくさん入っている理事会の会議は時間がかかります（森喜朗　2月3日　ＪＯＣの臨時評議員会にて）

パンス　ここからは第二次安倍政権を中心に振り返っていきます。「テン年代」も過ぎ去りしばらく経ちましたが、僕の印象ではどうも「総括」的な記事を見る機会が少ないです。ちょうど元号が変わるタイミングだったので「平成」を振り返る、というパターンのほうが多い気がしますね。第二次安倍政権が発足したのは２０１２年12月、そして終了して菅政権に変わったのが２０２０年９月なので、テン年代という枠で見るならば、そのほとんどが安倍政権だったんですね。本当に長かったと、改めてため息が出ます。その間社会はいろいろと変わったようにも見えつつ、実は長い停滞の時代でもあったのではないか、と最近は考えています。その間の社会の何が変わり、何が変わらなかったのか。できるだけ具体的に、なおかつ自分にとって身近だった出来事から言及したいです。

コメカ　思い出深いことはいろいろあるな。２０１５年の安保法案反対デモとかも、もう５年以上前なんだな……。そうですね、自分たちが実感してきた部分から話してみましょうか。

パンス　まず、変わった点があるとすれば、なにより「ネットで政治の話をするのが盛んになった」という状況ではないでしょうか。ネットといっても、あくまでも僕やコメカ君から見えていたネットの風景になると明記しつつですが。

もうだいぶ前なので忘れてしまいそうになるのですが、それ以前はインターネットで政治の話をすることって、そんなになかったですよね。日本社会では他人との会話でさほど政治の話題を持ち出さない、と言われていますが、ネットにおいてはすでにその説がだいぶ崩れています。特にツイッターやフェイスブックと言ったSNSに顕著ですが、イデオロギーの傾向はさまざまながら、政治やそれにまつわる出来事の話題がトレンドなどに乗るようになりました。

コメカ　2ちゃんねるみたいな場所でのネトウヨたちの動きみたいなものはあったわけだけど、ネットやSNSで広く政治や社会についての会話が行われる、ひいてはその話題がツイッタートレンドに上がってくる……みたいなことは少なかった。もちろん今でもそういった話題を忌避する層というのは大きいわけだけど、相対的にはやっぱり政治に関心を持ったり何か発言しようとしたりする人の数は増えたと思うなあ。

パンス　そんななか、むろん政治家の失言も、SNSを騒がせる話題のひとつになっています。それまでは新聞やテレビを通じて報道され受け止めていたものが、同じく報道する媒体は同じでありつつ、積極的にネットユーザーが、主に「怒り」のような形を取った意見を表明し、それが「世論」としてメディアに還流する、という流れが完全に定着しました。

ここで何が変わったか。ゼロ年代から起こっていた「炎上」や「祭り」に典型的ですが、あるトピックにワッと人が集まって、集団化した状態がひとつの現象として受け止められることが日常化しました。盛り上がるのですが、しばらくしたら完全に忘れ去られてしまう。そして次のトピックに移る。そうなると、歴史というか時間に対する感覚が変わっていくんです。現時点で起きている事象が過去からの系譜にあるという意識は希薄になり、なんなら非常に抽象化されて認識されるようになりました。いまや「民主党政権」は悪の権化、諸悪の根源のように言われていますが、ほんの10年前の話です。ちょっと前まで持ち上げられてたものでも、適当に何かレッテルを貼って拡散させれば印象をガラッと変えることができるようになりました。その場でどうバズるか――人をどう集めるか、つまり数字を取ることが重視されているので、時間やら系譜について考えるなんてまどろっこしい。そういう空間を、市民も政治家も同じように共有しており、「失言」もそこから生まれる。だからこそ、ある種反時代的かもしれませんが、時系列的にその「系譜」を追ってみます。

コメカ　個人的には複雑な気持ちがあって、理不尽な社会状況に対しては怒りを込めてそれぞれが自分の意見を言うべきだ、とぼくは2015年頃からネット上で盛んに言っていたし、今でもそのこと自体は否定したくない気持ちがある。ただ、SNSを通して大喜利的に定期提出されるネタに対して個々の怒りが動員・回収され、「祭り」として次々と消費されていく状況がいま現在間違いなくある。ある意味、怒りを自分自身＝個人のものとして保持することが難しくなっているとも言える。自分がひとりの人間として感じていた怒りも、集団的な流れのなかに飲み込まれやすくなっている。大喜利化、つまりいま現在バズっているネタに対してひと言モノ申す、というやり方が一般化してしまったから、状況がループしがちなんだよね。議論が積み重ねられることなく、ひとつひとつの「祭り」が終わるたびに問題が忘れられていってしまいがち。これから見ていく失言も、近過去である割に完全に忘れられてしまっているものが多そうだな……。

パンス　２０１３年。この年初頭に「アベノミクス」が提唱され、割とテンション高かった時期だと記憶しておりますが、安倍政権は経済政策と並び、右翼的な志向を大っぴらに出していたので、「戦後民主主義の危機」が叫ばれ始めました。それまでのリベラル的な言論と、インターネットからの反安倍的な発信が合流して大きなうねりが作られた時代でもありましたね。発足直後で話題になった失言を挙げるなら、まずは２０１３年７月、麻生太郎副総理兼財務相「ワイマール憲法がナチス憲法に変わった。あの手口を学んだらどうか」でしょう。

コメカ　「僕は今、（憲法改正案の発議要件の衆参）三分の二（議席）という話がよく出ていますが、ドイツはヒトラーは、民主主義によって、きちんとした議会で多数を握って、ヒトラー出てきたんですよ。（略）ヒトラーは、選挙で選ばれたんだから。ドイツ国民はヒトラーを選んだんですよ」「憲法は、ある日気づいたら、ワイマール憲法が変わって、ナチス憲法に変わっていたんですよ。だれも気づかないで変わった。あの手口学んだらどうかね。わーわー騒がないで。本当に、みんないい憲法と、みんな納得して、あの憲法変わっているからね」。で、麻生はこれを「喧騒にまぎれて十分な国民的理解及び議論のないまま進んでしまった悪しき例として、ナチス政権下のワイマール憲法に係る経緯をあげたところである」として発言を一部撤回してるんだけど、明らかに当初の発言で麻生は「悪しき例」としてナチスを挙げてないよねこれ(笑)。

パンス　サイモン・ウィーゼンタール・センターからの抗議もあって、わりとすぐ撤回しちゃったんですね。「だれも気づかないうちに」やるのがイイって言ってるんだし、文脈をどう考慮しても「ナチスを見習いましょう」としか読めない(笑)。しかも、こっそりやるのを提案しているにもかかわらず、それなりに内輪とはいえパブリックな場所(発言は国家基本問題研究所のシンポジウム)で話しちゃってるし、何がしたいんだかよく分からないですね。

コメカ　子どもっぽい「イキり」を公の場でしてしまうというのは、それこそ55年体制下ではある程度白眼視される振る舞いだった気はするんだよなあ。鷹揚でうっとうしい中年として振る舞うことがデフォルトだったというか。小沢一郎あたりまではギリギリそれがあったけど、小泉純一郎あたりで底が抜けてしまったって感じがする。むしろ今はある意味イキり合戦になってるもんね。子どもっぽい態度を取ることが支持獲得のひとつの方法になっている。行橋市議会議員の小坪慎也が2018年に、「どうやら、私が議員だから、良い子ちゃんだと思ってる方々がいる。それは誤解です。経歴を隠しておらず、元走り屋。70台を誇るチームの頭で、基本的に組織戦闘を好む。圧倒的な戦力で、敵対勢力を焼き払う。譲歩はない、躊躇もない、示談も許しもない。もともと「残酷」で有名だった」とツイートして無駄に話題になったけど、公人が公の場でこんな中学生みたいなイキり発言をしてしまう時代になったという……。発言意図が本気でも冗談でも、どっちにしろあり得ないでしょうこんなの。当人はこのツイートでツイッタートレンド1位になったことを喜んでたみたいですが……。

エモさと軽さ

パンス 野党側の動きも見てみようかな。失言じゃないんだけど、話題になった問題行動がある。2013年には山本太郎が天皇に「直訴」の手紙を渡すという事件が発生。同じ頃、アントニオ猪木は参院の不許可に反して北朝鮮に渡航している。こうなんというか、野党側がエモい感じで状況を打破していこうとするのが顕在化した時期だったともいえます。

コメカ 猪木はまあ昔から北朝鮮に行き続けてたってのはあるし、あとある意味クラシックな「パフォーマンス」ではあるよね。昭和期の感覚とさほど距離がないというか。ただ、山本太郎のあの行為はちょっとある一線を踏み越えた感じがしたなあ。それこそ「解体後」の感覚というか……。タレント出身という意味でも山本も猪木のようにパフォーマンス・テクニックを使い続けてきたわけだけど、それが天皇との直接接続に至るってのは悪い意味でラディカル過ぎて衝撃だった。しかも別に、彼は国粋主義者としてそれをやったわけでもないわけじゃないですか。あまりにも「戦後的」パースペクティヴと感覚的距離があり過ぎる。

パンス　山本太郎のあれは田中正造オマージュなのかなと思って見てたんだけど、天皇で全てを解決しちゃおうという感性は、皇道派の青年将校的とも言えるかもしれません。良くも悪くも戦後っぽい感性から抜けたところでやっています。

コメカ　ただこう、人生かける勢いで考えた感じでもなく、「軽く」田中正造オマージュ的な構図を実行してしまえる感覚がちょっと理解できないんだよな、いまだに。リベラルからのエモい跳ねっ返りというのはたしかにあまり見られない上に、そもそもあったとしても「軽い」ものばかりだからさほど状況に影響を与えないというか……。昭和期と違うのは、相対的に全ての行為や表現が「軽く」なっていっているところではないかなあと。昔がよかったとは全く思わないんだけど、相対的には与党的振る舞いにも野党的振る舞いにも、意識せざるを得ない前提や束縛があったと思うんだよな。そこへの意識というのは薄らいで「軽く」なっているがしかし、議会制民主主義の範疇には留まらなければいけないという意識そのものだけは特に理由なく今も自明化されていて、拘束力を維持しているところがある。

パンス　オリンピックの東京招致が決定したのは2013年9月7日。1964年の希望をもう一度とばかりに、国家プロジェクトをやることでイケイケの安倍首相をより押し上げていったのだが、その後の顛末は知られる通り。オリンピックにまつわる失言も数多かったですね。まずは招致前の安倍首相の演説内で、福島第一原発でタンクから高濃度汚染水300トン漏れが発覚した直後というタイミングでの「アンダーコントロール」を挙げておきます。

付随する失言として、大会組織委員会前会長の森喜朗による、フィギュアスケート・浅田真央選手についての「**あの子、大事な時には必ず転ぶんですよね**」という発言もありました。これはもう単純にウザいです。森喜朗はまだあります。ザハ・ハディドの新国立競技場デザイン案に対して「**生牡蠣がドロっと垂れたみたい**」とか……。

コメカ　前章でも話したけど、森は本当にガサツでデリカシーの無い失言を繰り返していて、しかし身内の中年男性たちには恐らくそのザックリとしたおじさんっぷりが好かれているんだろうなあ、という感じがする。近くにいてほしくないタイプ。

加熱するネット情報戦

パンス　第二次安倍政権を通して頻発し、問題となったのは、ジェンダーにまつわる失言です。ざっと一覧にしてみると、これらのほとんどは「少子化」という状況に対しての発言になるんですね。地方の過疎化について言及していた上西小百合議員（日本維新の会）に対して大西英男自民党議員が「まず自分が産まないとダメだぞ」とヤジを浴びせる事件がありました。続いて２０１４年12月、麻生太郎が「高齢者が悪いというイメージをつくっている人が多いが、子どもを産まないのが問題だ」。２０１５年９月には菅義偉官房長官もテレビで「この結婚を機に、ママさんたちが一緒に子供を産みたいとか、そういう形で国家に貢献してくれたらいいなと思っています。たくさん産んで下さい」などと言っています。これは福山雅治と吹石一恵の結婚を祝したコメントなんですね。２０１７年11月には山東昭子参議院議員（自民党）が「子供を４人以上産んだ女性を厚生労働省で表彰することを検討してはどうか」と発言。

コメカ　頭痛くなってくるな……。

パンス　これらから見えてくるのは、少子化に対する自民党の姿勢です。ゼロ年代、自民党右派からの性教育や「ジェンダーフリー」に対するバックラッシュが巻き起こりましたが、２０１３年、内閣府の「少子化危機突破タスクフォース」が「女性手帳」を配布する計画を立てていたことが判明します。ここには、性教育はダメだが、「子どもを産むための」知識ならいいという判断が垣間見られ、抗議を受け配布は中止になります。２００７年の「女性は産む機械」から続くモノ的な視線、ひいては国民を「生産性」で図るという感覚に連なっています。

コメカ　２０１８年に杉田水脈が、ＬＧＢＴのカップルに対して「彼ら彼女らは子どもをつくらない、つまり『生産性』がない」と主張。その後記述が不適切だったとして謝罪している（撤回はせず）。菅の「そういう形で国家に貢献してくれたらいいなと思っています」にしてもそうだけど、本当に人間を何だと思ってるんだという感じ。

パンス　ネット上の支持層を意識しすぎというのがあるのかもね。とりあえずいちばんダイレクトに不支持も支持も見えるメディアだから、惹かれてしまうのも分かります。2010年代は政治の現場もネットも左右対立が深刻になったけど、ネットの支持層や不支持層に合わせて政治家が発言していくうちに、より過激な様相を呈していく、というのが現代までの流れでしょう。それを象徴するような出来事あるかな、とメモを見返していたら、2013年6月にはこんな事件もありました。「復興庁幹部水野靖久参事官、ツイッターで「左翼のクソども」と書き込み」。失言がSNSでも展開されるようになったのもこの頃でした。

コメカ　「左翼のクソどもから、ひたすら罵声を浴びせられる集会に出席。不思議と反発は感じない。感じるのは相手の知性の欠除に対する哀れみのみ」。彼は他にも国会議員からの質問通告を「被弾」と表現したり、なんというかこう、さっきの小坪にしてもそうなんだけど、「ネット民」的な感性のツイートを乱発するんだよな……。国家公務員としての仕事の諸々を、パブリックな場においてこういう文体で記述してしまう感性というのが興味深いけど、この手の態度も最近は割と一般化しちゃったね。河野太郎なんかもこういう態度で支持を取り付けている。以前彼が自身の公式アカウントで「ヤメレ」とツイートしているのを見て、ああこういうノリをひけらかすことに政治家として恥ずかしさを感じないんだな、と思った。

パンス　みんなネットが大好きということです。ここで第二次安倍政権のメディア戦略を見ていくと、よく言われるとおりテレビにも介入しまくっているし、中立性を無視して露骨に選別している。フェイスブックや自民党の動画チャンネルも駆使して、テレビとネット双方から攻めているところがすごい。少なくとも２０１５年あたりまではこの手法がだいぶ功を奏していたんじゃないかな。２０１６年２月には、高市早苗総務相が「行政指導しても全く改善されず、公共の電波を使って繰り返される場合、それに対して何の対応もしない（停波を行わない）と約束するわけにいかない」と発言。堂々としている。

コメカ　そして２０１７年東京都議選応援演説での安倍発言「こんな人たちに負けるわけにはいかない」に至る。この「こんな人たち」の中身は、さっきの水野靖久の「左翼のクソども」なんだよね（笑）。２０１０年代自民党のメディア戦略の通奏低音になっていたのはこういう感覚だった。ただテン年代半ばからは、その感性が「反安部」的動きの燃料になったところもあるよなあ。安保法制反対の動きをひとつの契機として、ネット上で「反安部」的な形でのリベラリズム運動が盛り上がったことは間違いない。右派左派ともにネット空間で情報戦・空中戦をやるのがデフォルトになっていった。

パンス　敵を指定して、支持を取り付けるというやり方が定着。いま考えるとアメリカのトランプ時代に先んじていました。

動員と扇動

コメカ　あの時期は自分も完全にネット的情報戦に身を投じていたから、ぜんぜん他人事じゃない。ゼロ年代のネットって、政治色が分かりやすく顕れていたのはさっき話したようにネトウヨ的なものがほとんどだった気がするのよ。他は大体ノンポリ的な色合いしかなくて、ポップカルチャー／サブカルチャー領域においてもそれはそうだったと思う。ただこの時期に、安倍政権・自民党を「敵」として捉え「抵抗」する、という構図が普及した。それは間違ってはいなかったと今でも思ってるけど、ただ「扇動・動員」っていう問題はその後加熱し続けちゃったよね。いま現在、現在進行形の問題としてある。

テン年代初頭には津田大介『動員の革命』（中公新書ラクレ）が描いたように、ソーシャルメディアの活用がかなりオプティミスティックに語られていたんだよな。AKB48を論じる言説等に象徴的だったけど、当時はサブカルチャー領域でも、SNSを介したコミュニケーションから生み出されるものに希望や可能性を見出そうとするような語りが多かった。しかしこの10年間を通して、フェイスブックやツイッターが媒介した膨大な量のコミュニケーションは、陰謀論やフェイクニュースの繁殖と蔓延や、フィルターバブル・エコーチェンバー内での言説の極端な過激化をもたらすことになってしまった。「アラブの春」の10年後に、トランプ支持者たちが連邦議会に乱入したことはその歴史を象徴していると言える……。

パンス　やっぱゼロ年代に水面下で起こってたことって重要で、あの10年間で、ネトウヨっぽい発想が政治の現場にまで浸透しちゃったんだよね。それまであった、いかにも戦後的な保守／革新の対立が解体されたあと、擬似的に作られた対立がホンモノになってしまったという言い方もできるかも。しかしそういう再編成に、ほとんどの人は気付いていなかったんだよなーと改めて痛感します。安倍の中でも伝説級のヤジ「日教組、日教組」ってのがあるけど、これとかまさに「解体後」を象徴するような失言だと思います。

コメカ　そもそもウェブ世界というのが、物語として状況把握した言説の方が力を持ちやすい場所だと思うんだよね。資料を重ね合わせて冷静に議論する作業と、ウェブ記事に対するコメント合戦・SNSにおけるリツイートの応酬を通した拡散行為というのが、根本的に食い合わせが悪すぎる。物語化して読み手の感情を煽るというタブロイド紙的な方法論がネットのスピード感のなかで一番アテンションを集めやすい。冷戦下の保守／革新構造の「解体後」は、こういう物語同士のバトルが無限に繰り返される炎上慢性化状況になってしまった。政治家なんてそういう状況に対して一番冷静に対処しなきゃいけない役職なのに、むしろ首相が率先して「日教組！」とヤジってしまう（笑）。テン年代の「失言」というのは、本音吐露的な問題とはまた別に、結構そのあたりの状況に対して意図的に焚きつけを狙ったものが多い気がする。

あと安倍晋三と言えば、星野源の楽曲ビデオ「うちで踊ろう」へのフリーライドっていう事件もあったな。星野は自身の弾き語り映像に自由に演奏を重ねることを推奨して動画を発表したんだけど、まさかの「コラボ」が首相側から一方的に発信されてしまったっていう。安倍が星野の映像の隣で気だるい表情で犬を愛でたり本を読んだりしていて、異様な雰囲気の仕上がりになっていた（笑）。安倍側の動画には「いつかまた、きっと、みんなが集まって笑顔で語り合える時がやってくる。その明日を生み出すために、今日はうちで……」とコメントが添えられていたけど、官邸側もこれで顰蹙を買わないと思っていたのがすごい。

パンス　星野源あたりからか、僕は「オルグするとは何か」と考えるようになってきました。政治家が「軽く」なっているというのはその通りなんですが、ここで思い出すのは、自民党が「ニコニコ超会議」に登場するかたわら、共産党も登場していたことです。「ニコニコ」に登場する共産党は果たして「軽い」のでしょうか。そうも言えると思います。しかし、決定的に重要なのはそれぞれが持つ政策の内容です。内容を見ずに「設定」を否定するというのは、それこそ自民党が他者を攻撃する際に行なっていることですよね。この「否定」が問題なのではないかと思っています。言い換えると、あらゆる事象の細部に対して「〜をしてはならない」「これはダメ」と否定でバッサバッサと切っていくという行為は、教条的な要素を持ちます。ネットではこれを使うことによって、聴衆（観客）を鍛え上げていくという状態が一般化しています。しかし、当たり前なのですが、そこで付いてくるのは元から「そう思っていた」人がほとんどであって、全く異なる場にいる人にはなかなか届きません。かつての無数の社会運動における「オルグする」という行為は、それとは違っていたと思うんですね。共産党がささっとニコニコ超会議に登場していたというのは、その系譜にあるのだと思います。全く共産党とは相入れない人や、ネタとして見てやろうという人を対象にしているわけですからね。

まずは「絶対ダメ」である部分を切り分けた上で、どこだったら入れるか、ないしは共闘できるかという点を探っていくというのが重要だと思っているのですが、まあ現状、否定の方が数は集まりやすいというのは事実です。

政治のサブカル化

パンス　それを踏まえた上で、なおかつ「軽さ」について考えてみます。まず、背景となる思想がなくなっているということがひとつあると思います。それを「サブカル化」と呼んでもいいでしょう。そこでパッと思いつくのが、丸山穂高や、小泉進次郎という存在なのですが……。

コメカ　小泉は「反省しているんです。ただ、これは私の問題だと思うが、反省をしていると言いながら、反省をしている色が見えない、というご指摘は、私自身の問題だと反省をしている」とか、要領を得ない発言を繰り返してすっかりネットのオモチャになってしまったし、丸山は度重なる不祥事の果てに「アジャース」みたいな文体を嬉々として使うツイッター芸人になった……。公の場でこんな風に言葉を使う人々は、政治家として「軽い」と言わざるを得ない。小泉はそんなつもりはないんだろうし、丸山は確信犯のつもりなんだろうけど。あと例えば枝野幸男みたいな人も、時代が要求するこの「軽さ」の要請に対して、苦慮し続けている感じがするんだよな。そこに飲まれないよう必死にバランスを取ろうとしているというか……。

パンス　２０１５年の安保法制に対する運動は、そういう全体的な雰囲気に抗してリベラルな「思想」を取り戻す、といった側面があって、立憲民主党はその系譜で生まれたといえるけど、目立っていくのが難しい。しかし目立とうとするとネットとかでファナティックにならざるを得ないし、かなり難しい選択を迫られる環境です。

コメカ　「立憲」と冠するわけだしね。ただ「リベラル的世間」が求めるのも「物語」になっちゃってるから、そういうプレッシャーをかけられ続けるわけだ。なんとか踏ん張ってほしいとは思うけど。丸山とか小泉に関してはもう、これは「失言」とすら呼べないのでは？というような発言ばかりが履歴に並んでいて、本当にしんどい気持ちになる。ただ、インターネットにおいてはこういうキャラクターはアテンションを集めるからね。

パンス　小泉進次郎構文は韓国や中国の若者の間でも人気があるそうです。字幕がついた画像がネットミームになってる。小泉の場合はトートロジーで「物語」に抗しているといえるかもしれない。褒めてはいませんが。というか、あれでは本人のキャラクター単位で世論を変化させることは難しいので、ＡＩに政治をやってもらって生身の小泉がいるくらいがちょうどいいのかな。

コメカ　物語解体政治家としての小泉進次郎（笑）。まあしかし「解体後」世界の極点としてああいう政治家がいるってことなのかもしれない……。実際の彼の中身は凡庸な保守派政治家でしかないと思うけど、交渉的な言語技術をとにかく欠いている。これは別に失言じゃないんだけど、「毎日でもステーキが食べたいということは毎日でもステーキを食べているということではない」とか、公で口にするような文章構造じゃないでしょう（笑）。ただでもこういう構造の構成力の無さって、さっきの山本太郎の天皇直訴にも繋がる脆弱さだとも思うのよね。全てがグダグダに、短絡化されつつある。

パンス　逆に交渉的な言語技術ってなんだろうと考えるんだけど、以前YouTubeに上がってた田中角栄の演説を見たときは驚きました。首相就任前、地方遊説の模様なのですが、現状の社会分析をかなり噛み砕いて説明しつつ、聴衆へのツカミも欠かさず、異論も受け入れる余裕を見せつつ、全体としてお堅くしないという……。これら全てが合体したうえでのキャラクターだったんだなと。とはいえ田中角栄に限らず、わりとこれが政治家のデフォルトだったんだよなーと思ったり。要は国民との交渉をやっているんですね。

で、今なぜそれが変わってしまったかというと、政治家の能力が低下したっていうのもまああるだろうが、国民も別に交渉を求めていないってことなのかなと思います。交渉する必要がなければ、何も言う必要はない。ただ仕事として言葉は発しないといけないので、対処法として、全く無意味な言葉を置いとけばよい。

コメカ　言葉に対するニヒリズムが加速しているとも言える……。発語によって支えられる信念というものに対する信頼喪失が、国民側にも政治家の側にも完全に自明化してしまっていて、言語的なコミュニケーション全般が蔑ろにされるようになっている。言葉で裏切ること・言葉に裏切られることを、誰もがあらかじめ受け入れてしまっているというか……。

パンス　あと、失言ではありませんが、2016年のトピックとして、天皇の生前退位表明がありました。大塚英志『感情化する社会』（太田出版）でも分析されていますが、この表明での「お気持ち」という言葉は、その後人々に定着しましたね。そんな状況を受けて、鶴見俊輔のタイトルをもじって「『お気持ち』的言葉の使用法について」というブログを書こうと思っていましたが、ちょっとまとまらなくて頓挫しちゃいました。「お気持ち」はさまざまな場面で使われますが、主な傾向としては、ロジックとしてはまとまらないけれども主張しておきたい、つまり感情の表出に極めて近い状態であることに対するエクスキューズです。『感情化する社会』では、象徴天皇制というひとつの制度を抱えたものが、「お気持ち」として表出されることによって、それを受け取る人々には「感情的」に受容される、というねじれを指摘していますが、そうすると「感情」が勝ってしまうんですよね。全部のテーマは感情的に処理される。

コメカ　制度や議論を通して合意を作っていくというやり方でなく、感情や共感で一気にひとつになっていく、というね。さっき話した、怒りの共有によるバズ＝「祭り」現象も基本的にはこれに該当するし、現代政治家における交渉的な言語能力の衰弱というのも、論理的な言葉でやり取りするよりエモく気持ちが通じ合えればそれでいいじゃん！みたいなノリの浸透と表裏一体の問題。

パンス　ただし、ここでひとつ付け加えておきたいのは、だからと言って「感情的だからダメだよ」という指摘に帰着してしまうべきでもないということです。なんともねじれた言い方になってしまいますが、例えば同じ２０１６年、「はてな匿名ダイアリー」に書かれた「保育園落ちた日本死ね」という言葉は、その後国会でも論議されるような話題になりました。この言葉は一見「感情的に」見えますが、言いたいことはシンプルで、的を射ています。何が問題なのかがシンプルにまとまっています。「保育園落ちた」「日本社会の現状」は「死ね」と言っているんです。ちょっと極端に言えば、これが死ねとかクソとかだけだったら「感情」の範囲内で、なぜそうなのか説明できているのならば、感情から始まり、その範囲を超えることができるのだと思います。

つまり、交渉に繋ぎ、状況を動かす言葉になるのだと。

エコーチェンバー空間

コメカ　「憲法で定められた象徴としての天皇像を模索する道は果てしなく遠く、これから先、私を継いでいく人たちが、次の時代、更に次の時代と象徴のあるべき姿を求め、先立つこの時代の象徴像を補い続けていってくれることを願っています」という言葉は実際のところ「象徴のあるべき姿」を今後制度的に模索・改革していってくれ、という意味合いに読めるわけだけど、現状（＝天皇制）のなかではあらゆる意味で彼の言葉は交渉への接続を遮断され、「お気持ち」に留め置かれることになる。そして制度改革への模索は捨て置かれ、「お気持ち」に同化するような心情ばかりが国民に広がっていく。ただ感情の共有で一体化するのではなく、個人的な感情を抱くことになった問題の有り様を説明できる言語技術、そして誰もがその技術を通して交渉・議論できる環境をきちんと確保していくことが、社会にとって大切なことだ、ということですね。しかし少なくともいま現在は天皇制が持続しているということもあるし、そして国民と政治家の間でも、交渉やコミュニケーションが成立していない。だから感情を刺激するような失言や、煽動的な物語ばかりがツールとして活用されてしまう。丸山は小物だけど、そういう状況に過剰適応した政治家だったという感じがする。

パンス　有名な「戦争」発言を例に出すと、少し調べれば、戦後の日ソ、日ロ関係はずっと緊張感ある交渉の連続だったのが分かるはずなんだが、そういった歴史を踏まえたらあまりにラディカルすぎると言わざるを得ない。しかし、当時の安倍政権は安倍政権で、それまで積み上げた関係性を台無しにして屈服するような日ロ交渉を繰り広げていたわけで、もうどこを見てもぺんぺん草ひとつ生えないような状況です。

コメカ　北方領土へのビザなし交流訪問団に参加中、「戦争でこの島を取り返すことは賛成ですか？　反対ですか？」「戦争しないとどうしようもなくないですか？」と発言し、その後ツイッターでも「竹島も本当に交渉で返ってくるんですかね？　戦争で取り返すしかないんじゃないですか？」とツイートしている。「交渉」なんて無意味、不毛であると彼は語っているわけだ、しかもめちゃくちゃ「軽い」形で。ただ政治に関する言説に限らず、例えば現在のネット空間、特にツイッターみたいな環境は、こういう「交渉」不要な場所になってるよね。意見の異なる相手を殲滅し、排除し、駆逐する空間になっている。もちろん例えば人種差別のように「許容され得ない意見」というのは存在するとぼくは思うけど、しかし日々インターネットを使っている自分たちは、この丸山のような浅薄な世界観をどこまで笑えるんだろう？とはちょっと考えてしまう。

パンス　丸山の発言は党とも政府の方針とも合わないものだったからすぐに処分されてしまったけれども、そういった力学に関わらないがために適当に放置されている失言はほかにもたくさんある。似たような傾向をＳＮＳにも感じていて、それなりに支持層を得られる発言ならばどんな乱暴な内容でも受け入れられるけれども、その空気から外れるとパージされるようなところがある。ネットだとすぐに忘れられてしまうので、しれっと転向も簡単にできるし。こういう空間自体を批判する必要があると思います。

コメカ　「交渉」が無くなり、空気の読み合いとそこで設定された「敵」、もしくはその空気からこぼれ落ちた者に対する徹底的な攻撃だけが残った空間、という。さっきも少しふれたけど、杉田水脈の失言を改めて。彼女は「新潮45」２０１８年8月号「『ＬＧＢＴ』支援の度が過ぎる」で「ＬＧＢＴのカップルのために税金を使うことに賛同が得られるものでしょうか。彼ら彼女らは子供を作らない、つまり『生産性』がないのです」と書いて大きく批判の声が集まったけども、その際も井戸まさえが「自分たちの望むことだけを言う人を重用し、賞賛し、何を言っても肯定する――。こうしたことの繰り返しは、実は、今杉田氏を批判している人々も含み、主義主張にかかわらず新たな「杉田水脈」を産み出す危険性を孕んでいるのだ」と指摘していた（「ＬＧＢＴは生産性がない」杉田水脈氏大炎上「ザワザワ感」の正体　https://gendai.ismedia.jp/articles/-/56735）。杉田の発言そのものは論外の酷いものだと思うけど、党派や空気の中で彼女の思想や発言がエスカレートしていったであろうことは想像に難くない。

パンス　内輪のなかで醸成されてしまうんですね。その内輪は思想を問わず存在している。とはいえ、そのような状態を超えて怒りを呼び起こす失言もある。国民的失言といえるかもしれない。ここ数年でそれを感じたのが、今村復興大臣の震災に対する発言「まだ東北でよかった」でした。

変わりゆくものと変わらないもの

コメカ　2017年4月、自民党二階派のパーティーにおいて、東日本大震災について「これがまだ東北で、あっちの方だったからよかった。もっと首都圏に近かったりすると莫大な、甚大な被害があったと思っている」と発言。これはしかし恐るべき発言というか、経済含めた国家機能ダメージについて本人は語ったつもりなのかもしれないけど、個々の人間の生命というものを、もうあまりにも分かりやすく軽んじている。しかも当時復興大臣の立場でこれを言ってるわけだからね。当然広範囲に怒りを呼び起こしたし、加えてある種の恐怖も市民に対して与えたんじゃないだろうか。

パンス　自分にとってもそうだけど、あのときの反応を見て、震災という出来事はひとつの国民的記憶になっているんだよなと実感させられました。あの発言はそこに抵触してしまった。なんかいきなりナショナリストみたいなことを言ってしまうんだけど、国民のなかで分断と棲み分けが進むなかにあっても、郷土に対するシンパシーのようなものはまだ多くの人にあると思ったんです。

コメカ　愛郷心的なことかな?

パンス　そうそう。地元愛とか、自分の住んでた場所が破壊されてしまう悲しみに対するシンパシーです。

コメカ　そうだね、それはなんだかんだ言って全然あるよね。しかし今村雅弘は自民党所属の保守派政治家と言っていいと思うんだけど、そういうシンパシーに対して全く寄り添わなかったわけだよな。正直結構混乱するというか、ではこの人みたいな政治家にとって、「日本」って一体何なんだろう? そこで暮らす人間や郷土に対して、シンパシーを感じていない発言だったとあの失言は言い得ると思うし。

パンス　要は、この数十年間、国土も、社会も、家庭も、人間関係も、ライフスタイルもことごとく変化してきたわけだけど、それでも、少なくとも100~200年くらいの単位でじわりと続いている、変わらない社会意識みたいなものはあって、それが悪い方面だと「家父長的な意識」とかいろいろとありますが、悪いとか良いとかで判断つけられない意識も底流にあるのではないかと、今、震災について捉え返すときに思うんです。かつ、「急速に変わっている」ものもある。今の政治家の失言は、その二つを全く捉えられていない、または捉える気もない故に起こり、問題となっているのでしょう。

コメカ　社会において短期的には変わりようがないもの、また逆にスピーディに変わらざるを得ないものとははたして何なのかというのは、それこそ政治が一番見つめて対処しなければいけない命題だと思うんだけど、多くの政治家は要するにそういったことにもう関心が無いのだろうなと思う。この国で何を保守し、何を改革していくべきなのかという命題に立ち向かう覚悟が無く、単にわが身可愛さの生存戦略として政治屋活動に勤しむ輩が多すぎる。

コロナ禍とオリンピック

パンス　ここでコロナ時代と東京オリンピックに入ります。もうあまりにも有名で、本書のクライマックスのようになってしまいますが、森喜朗「女性がたくさん入っている理事会の会議は時間がかかります」は挙げないといけないでしょう。政治家ではないですが、大会開閉会式演出チーム・元総合統括の佐々木宏の企画や、トーマス・バッハ会長「大会を実現するために、我々はいくつかの犠牲を払わなければならない」、ディック・パウンド委員「アルマゲドンでも起きない限り大会は開催される」など、ＩＯＣ関係者による発言も、コロナ状況の中でのオリンピック開催への反発を盛り上げました。直前には開催式参加アーティストによる過去の発言や行為も取り上げられ、もはや国家事業と政治問題とカルチャーと現状の「緊急事態」が渾然一体となった爆発的状況を示していましたが、開会してからはつつがなく行われ、盛り上がって終わった、という状況に、この上ない徒労感を覚えてしまいました。冒頭で提起した、この十数年に何が変わって、何が変わらなかったのかという問いも、今一度振り出しに戻されたような気もしました。

コメカ　そして開催時に問題化・論点化されたこれらの諸々も、世間では早くも忘却されつつある。正直言って、オリンピックに対する異議申し立ても、それこそ「祭り」として消費されてしまった側面もあると思う。現状を踏まえて改めて思うのは、自分が言いたいこと、そして怒りも含めた自分の感情を、如何に個人的な形で言葉に変えていくか、その方法論を見つけたい、ということ。SNSで日々行われているような、支持を集めている他人の言葉にひと言何か被せることで自分の意見とする、みたいな、いっちょ噛み的なやり方から離れる。クラスタ集団内でのコミュニケーションを通して自分の意見を固めていくようなやり方からも離れる。モノローグ的に自分の考えをひとりで少しずつ言葉にして、ゆっくりとしたスピードでいいからそれを少しずつ他人に伝えていく、というようなやり方がいいんじゃないかと思っている。

パンス　オリンピック後、菅義偉は退陣し、自民党総裁選では岸田文雄が当選しました。宏池会の岸田はかつての大平正芳に倣って「デジタル田園都市構想」を唱えたりしているようです。同じく大平をモデルとしている枝野幸男と被っているのでは、と思いますが、70年代の自民党保守本流まで回帰することがもしできるのならそこには注目したいです……と言いつつ、すでに安倍政権と違わぬ閣僚人事が展開されており、これもまた「変わらなさ」の象徴か、もしくは「ハイブリッドな変わらなさ」か、と言いたくなってしまいます。

改めて、政治を選択できる国民という立場で考える必要があるでしょう。ひとつ暫定的に結論づけるとするならば、まずできることがあるとすれば、コミュニケーションの再構築……はとても重要ですけど、ちょっと抽象的に見えます。「数字を取る」ことを第一義的にしないというのが僕の考えです。目立とうとしないとか、多くの人に承認されるとか、そういう思考と逆をやってみたら、必然的に発する言葉も変わっていくのかなと。「反主流派になる」と言っても良いですが、それは「なんでも反対する」とか、最近の言葉で言うなら「逆張り」をやるとか、そういう行為とは違います。「逆張り」は、逆の層にアプローチして数字を取るということでしかないので。主流を外れることを恐れず、そのうえでどう他者とやり取りするかということだと思います。

テーマ編その1　歴史認識と軍事

1953年　■日本の朝鮮統治は恩恵も与えた（久保田貫一郎　10月15日　日韓基本条約に向けての日韓会談の席で）

1956年　■太平洋戦争によって東南アジア諸国の独立に貢献した（重光葵　3月8日　参算委員会にて）

1986年　■日韓併合は韓国にも責任がある（藤尾正行　9月　月刊誌に寄稿）

1988年　■誰が侵略者かと言えば白色人種だ。日本だけが悪いことにされてしまった（奥野誠亮　4月22日　記者会見にて）

1994年　■日本も侵略戦争をしようと思って戦ったのではない（桜井新　8月12日　記者会見にて）

1995年　■侵略戦争をやったのは米英だ。なぜ日本だけが悪者になるのか（奥野誠亮　3月16日　記者会見にて）

■国会は歴史の判定の場ではないので、不戦決議はなじまない（中曾根康弘　3月19日　県議選出陣式にて）

■先の戦争が侵略か侵略でないかというのは、考え方の問題だ／相も変わらず昔を蒸し返して（島村宜伸　8月9日　記者会見にて）

■植民地時代には日本は韓国にいいこともした（江藤隆美　10月11日　記者懇談会にて）

1996年　■当時は公娼は認められており、慰安婦は商行為として行われた（奥野誠亮　6月4日　記者会見にて）

1997年　■従軍慰安婦問題では、時代背景を考慮すべきだ（梶山静六　1月24日　記者会見にて）

1997年　■従軍慰安婦には望んでそういう道を選んだ人がいる（島村宜伸　2月5日　派閥総会の講演の後、記者団に対して）

1998年　■従軍慰安婦のような議論が分かれる問題を教科書に載せるのは問題だ（中川昭一　7月30日　記者会見にて）

2013年　■慰安婦制度は当時は必要だった／米軍は風俗業活用を（橋下徹　5月13日　記者会見にて）

「ぶっちゃけ」の台頭

パンス　この章では、日本の歴史認識問題や、軍事関連における失言に焦点を当てていきます。「政治家の失言」を過去に遡ってみていくと、ざっと半分くらいはこの問題に関わっているのではないかと思えるくらいです。そのルーツを自分なりにまとめておくと、要するに戦前の、つまり大日本帝国だった時代をどう捉えるか、というのがいまだに精算できていない。その証左として失言がポンポン出てきてしまうと言えます。戦後はそれ以前を否定し、まがりなりにも他国と戦うための力を持たないとする設定から立ち上がったわけですが、それではいかんだろうという言説も常に一定程度存在しており、「ぶっちゃけ言うと」のような形で出てきて、問題化する。時代を経るにつれて、この「ぶっちゃけ」のほうが勢いを持って現代に至っているのは言うまでもありません。

コメカ　戦後というのは自分たちにとっては抑圧の時代であり、ホンネとしてはそれを否定し戦前＝大日本帝国を肯定したいんだ……というような「ぶっちゃけ」ね。こういう類の失言をすることで、同じような「保守」の人々からの歓心や仲間意識を得ることもできる、っていう。

パンス　戦後日本の政治をざっくり分けてしまうと、「社会をどうしたいか」という政策レベルの軸と、価値やイデオロギーを問う軸の二つがあると思います。後者に関しては、55年体制〜現在に至るまではほぼ、自民党ｖｓ野党という構図で展開され続けているわけですね。そして自民党側——というか「保守」の側にはずっと大日本帝国が付きまとっている、という感じです。ただこれは現在に至るまでにも変化しており、その初期においては「仲間意識」を得るという要素に限らなかったと思います。ここを上手く説明するのは難しいのですが、その初期においては、政治家は「戦前」を生きていたという事実があるからです。そのあたりの流れも示せればと思います。

歴史認識に関する失言と言ってもいろいろありますが、まずはその原型を追ってみます。植民地支配を正当化するというタイプの言説があります。「日本はかつて植民地として周辺国を支配したが、それはそれぞれの国の近代化を促す効果があった」とする考え方で、いまだに「保守」の側のそこかしこで見られるものですね。その端緒として、１９５３年、日韓交渉の予備会談の中で日本側主席代表を務めた外交官、久保田貫一郎の発言があります。「これから言うことは記録を取らないで欲しいが」と前置きした上で、「(朝鮮半島を)併合していなかったら、中国やロシアによって占領されただろうし、それは日本の統治よりはるかに悲惨であっただろう」と述べています。これは日韓双方で激しい応酬を生む結果となりました。もっと直接的な発言としては、重光葵外相「太平洋戦争を弁護する考えはないが、私は同戦争によって東南アジア諸国の民族主義が勃興し、それによって独立を果たしたことについては日本も貢献したと考えている」というのもあります。これは社会党からの要求ですぐに取り消しています。

コメカ　久保田は53年の参議院水産委員会で、この件について「朝鮮三十六年間の統治は、あなたがたの言われるような悪い部面もあったかも知れないけれども、いい部面もあったのだ」「あなたがたは、マイナスばかりを述べるから、私のほうはプラスのことを述べたのだ、そういうことを言ったのであります」と言っている。重光葵は大東亜共同宣言を作った人であるわけだから、まあ筋金入りって感じだね……。

パンス　1960年の国連憲章で、民族自決は国際法上の権利となっています。つまり植民地は独立する権利を持っているということです。アフリカ諸国なども続々と独立しました。ただし、その中の少数民族などはどうするのかという点までは追えていないため、現代における無数の民族紛争にも繋がっています。そのように考えても、植民地にしたのは独立するきっかけを作ってやった、などという物言いは極めて独善的と言わざるを得ません。そもそも、一面の事実として（インフラを整えるなど）近代化をもたらした実績があろうと、植民地化前の国際関係や国内情勢といった固有の事情があろうと、力をもって支配し、恫喝でその地の資源を搾取していったという事実は揺らがないですよね。

コメカ　しかしそういう自己中心的な物言い・思考が戦後日本の「保守」派のホンネとして、いま現在に至るまでずっと温存されているということだよなあ。太平洋戦争において日本がアジアを解放したのだ！　みたいな語りって、今ではインターネットにもめちゃくちゃ溢れかえってるし。小林よしのり『戦争論』（幻冬舎）とかの影響で、そういう風に言いたがる同世代とかも結構いた……。

失言の活性化する80年代

パンス　その通りで、この種の発言が現在に至るまで止むことはありませんでした。１９８０年代に入って再び活性化したとも言えます。中曽根政権時代における１９８６年９月「藤尾発言」ですね。藤尾正行文相による「日韓併合は韓国側にも幾らかの責任がある」というもので、その前の１９８６年7月には「文句を言っている奴は、世界史の中でそういうことをしたことがないのか」とも発言しています。後者の発言は、奥野誠亮による「誰が侵略者かと言えば白色人種だ。日本だけが悪いことにされてしまった」にも通じますね。他の国も植民地支配はやっていたわけで、自分たちだけが償わなければならないというのはおかしいという考え方です。

現にアジア諸国からの反発もあるという事実を押さえておくのが肝心かと思います。今では「韓国・中国」が抗議をしてくるんだ、という見方がネットなどで典型的ですが、例えば1974年、田中角栄首相の東南アジア歴訪の際はタイやインドネシアで抗議運動が起こっています。ジャカルタでは反日暴動（1・15事件）が発生。というのも、戦後、とくに岸政権や、先の重光葵の外相時代以降といってよいですが、東南アジアに対して積極的に行われた経済支配は、再度の侵略のようにもイメージされていました。

コメカ　エコノミック・アニマル、なんて言葉が日本人を揶揄する形で使われるようになった頃だね。こういう戦前から高度成長期（＝帝国主義から経済至上主義へ）にかけての日本の所業に対するアジア各国の怒り・反感というのは、自分たちやその下の世代には理解されづらくなってしまった感じがする。「日本だけが悪いことにされてしまった」的な被害者意識というのが戦後日本の「保守」が共有する大きな感情だと思うんだけど、むしろそちらのほうが漠然と広く共有されてしまっている感がある。

パンス　経済支配的な側面は……藤子不二雄Ⓐが70年代に、のちの「笑ゥせぇるすまん」（実業之日本社）の原型になるようなブラック・ユーモア短編を多数残していますが、そこにもよく出てきます。言及される機会があまりないですが、藤子不二雄Ⓐは『毛沢東伝』なんて作品もあり、極めて社会派のマンガ家ではないでしょうか。これらの内容はどのようなものかというと、慰安旅行で香港に向かう中、日中戦争に従軍していた「おじ」が酷い発言を繰り返した結果……といった話や、金に物を言わせてタイでハーレムを作っていた男の話なんかがあります。後者は実在した玉本敏雄という人物の事件がモデルになっているはずです。そして『笑ゥせぇるすまん』はバブル期の狂騒が盛り沢山ですよね。これがアニメ化されて大橋巨泉司会の「ギミア・ぶれいく」で流れていたわけで、僕も子ども心に社会のヤバさを痛感したりしていました。

コメカ　70年代には日本のサラリーマン男性が東南アジアへ買春ツアーに出かけることがブーム化している。バブル期にも盛んに行われて、1991年にはエイズ予防財団が「行ってらっしゃい。エイズに気をつけて」なんてコピーを付したポスターを作成して問題になったりした。なんというか、敗戦後もこういう形での他国蹂躙を繰り返していたってことだよなあ……そこで「自分たちは現地に金を落としているんだ」みたいな言い訳や開き直りをしていた人間もたくさんいただろうし。

パンス　東アジア・東南アジアへの「経済的な支配」によって過去がペンディングされていたのが昭和後期までの状況でした。それまでは各国が「開発独裁」的な体制を取っていたというのもあります。しかしその構造が徐々に崩れるのが80～90年代からです。各国固有の事情もあるのであまり一緒くたにして語るのも不十分なのですが、ここで一つ、今年（2021年）刊行されたワン・ナン『怒羅権と私』（彩図社）という本を挙げます。怒羅権（ドラゴン）とは80～90年代に東京都内で勢力を伸ばした、中国残留孤児を中心とした半グレ集団。その主要メンバーによる本です。なんだ半グレノンフィクションかというなかれ。文化大革命の残香がある中国からバブル期直前の日本に渡り、環境のギャップと日本人による差別・無関心を体験しながら、筆舌につくしがたい暴力をもって自身の存在を示していく、壮絶な状況が描かれています。

コメカ　怒羅権はもともと中国残留孤児2世の子どもたちが、日本人からのいじめや暴力に対抗して集団化したものだったみたいだね。そういや怒羅権が結成されたのと同じ頃に、山崎豊子『大地の子』（文藝春秋、1987年～1991年）とか、ビートたけし「中国孤児の唄」（1988年）が発表されたりしてるんだよな……。

パンス　当時はマスコミ的にも大きなトピックでした。しかし、現実は無関心に貫かれていたと言います。学校の先生もどう扱えばいいのか分からず、実質的に無視していたといったような状況が事細かに書かれていて、衝撃を受けました。

また、80年代の日中・日韓関係における事件として有名なのが、1982・1986年に発生した教科書問題です。先の戦争における「侵略」の記述をめぐる問題。ちなみに中曾根首相は86

年の教科書問題を受けて、「僕なんか、わりにナショナリストであると思われていますが、しかし日支関係、日中関係という面を見ると、日本のほうに負い目が多いですよ。基本的に侵略戦争だと私は規定しているほどですから」と話しています。それまでの政治家は「侵略」と明言はしない姿勢を取っていたので、これは一つの変化でした。

戦後50年決議

パンス　しかし、90年代以降、植民地支配は正当だったのかという問題に加え、あれは「侵略」戦争だったという定義への反発を含む失言が出てきます。その大きな象徴となるのが、1995年、当時の村山連立政権下、首相による「戦後50年決議」です。ここで「世界の近代史上における数々の植民地支配や侵略的行為に思いをいたし、我が国が過去に行ったこうした行為や他国民特にアジア諸国民に与えた苦痛を認識し、深い反省の念を表明する」とまで明言されました。しかしよく読むと、「反省」というには少し緩いところがあります。それは自民党や新進党の反対派が強く反発したという原因があります。新進党はこの衆院決議には欠席していますし。文言にどれを盛り込むかで暗闘があったのでした。

コメカ　ちなみに当時一年生議員だった安倍晋三は、奥野誠亮が会長を務めた終戦五十周年国会議員連盟に参加し、「戦後50年決議」に反対している。この連盟は「与党三党の幹事長、書記長会談において合意に達した決議案は、わが国の「侵略的行為」「植民地支配」を認め、わが国の歴史観を歪めており、われわれは決して賛成できない」と声明を出していて、決議と完全に反対向きの方向を向いていたわけだ。そういう人が20年後、戦後70年談話を発表することになったわけですが……。

パンス そして、この前後に失言が多発することになります。まず1994年8月、村山政権発足直後に桜井環境庁長官が「日本は侵略戦争しようと戦ったのではない、アジアはそのお陰で独立」と発言。これは先に述べた二つの要素がどっちも入っていますね。10月には橋本龍太郎通産相が「侵略戦争疑問視」発言。続いて1995年3月は、80年代も失言で名を馳せた奥野誠亮元法相による「侵略戦争をやったのは米英だ。なぜ日本だけが悪者になるのか」。同月、かつては「侵略」を認めた中曾根康弘元首相も「国会は歴史の判定の場ではないので、不戦決議はなじまない」と苦言。8月には宣言決議直後に島村宜伸文相「先の戦争が侵略か侵略でないかというのは、考え方の問題だ」。10月には江藤隆美総務庁長官が「植民地時代には日本は韓国にいいこともした」と。村山首相は失言が出てほしくなかったので事前に気を付けるよう、入閣者全員に自分の戦争認識を記した所信表明演説のコピーを配っていたそうですが、効き目なしでした。

ここで注目したいのが島村宜伸文相の見解で、「(今は)戦後っ子だけで三分の二ですね。戦争を全く知らないような時代になってきているのに、相も変わらず昔を蒸し返して」とも話しています。この頃から、「戦後っ子」を含む、過去の歴史認識への反発という流れが本格化するといえます。1995年12月に〈新しい教科書をつくる会〉が発足。ちなみに目安として付け加えておくと『エヴァンゲリオン』テレビ版放映が1995年10月開始です。

コメカ　怒涛の勢いで出てくるなあ。しかし1995年というのはさまざまな意味で日本のターニング・ポイントとして語られることが多いけど、言わば「戦争を知らない子どもたち」による物言いがいよいよ前面化する時代への節目でもあったわけだね。この頃には「なぜ自分たち自身がやったわけでもない戦争について謝罪しなきゃいけないんだ?」みたいな感覚っていうのは、かなり広く浸透し始めてたと思う。著名なポップミュージシャンが当時のラジオでそういう発言をしたりしていて、ギョッとしたことがある。

記憶の書き換えと歴史戦

パンス　忘却と書き換えという問題があるでしょう。ベネディクト・アンダーソンは国家を「想像の共同体」と定義しましたが、「記憶」もまた国家によって共有されるものです。そうなると、過去の悲惨な体験を経験=記憶しない人たちによって、記憶が上書きされるという現象も発生します。また、国家同士の交渉や争いのなかでも「記憶」は使用されます。〈新しい教科書をつくる会〉は、開始直後の1997年1月に、従軍慰安婦に対する政府解釈の変更を要望しています。彼らのロジックで言えば、そのような事象を、例えば教育現場に持ち込むのは不適切だとされます。国に対して誇りを持つためには、負の記憶を継承するのはいかんと考えるわけですね。これもまた意図的な忘却による「上書き」です。同時期の政治家による失言を見ると、1996年6月、また奥野誠亮元法相ですが「当時は公娼は認められており、慰安婦は商行為として行われた」、1997年1月、梶山静六官房長官「従軍慰安婦問題では、時代背景を考慮すべきだ」、2月に島村宜伸広報本部長「従軍慰安婦には望んでそういう道を選んだ人がいる」、1998年7月、中川昭一農水相「従軍慰安婦のような議論が分かれる問題を教科書に載せるのは問題だ」と、さかんに言及されているのが分かります。1998年に小林よしのり『戦争論』が刊行され、若い世代も含めてこの種の思考が普及していきます。

コメカ　必要なのは負の記憶ではなく誇りを持てる国家の「物語」なんだ、というのが〈つくる会〉や小林の方法論だったわけだよね。この手の、歴史検証・事実検証よりも心地良い「物語」を重視するという志向は、いま現在に至るまであらゆる領域で非常に大きな問題になっている。別に右派に限らず、左派においてもその傾向はあるわけで……。しかしとりあえず、90年代日本にはこういう右翼的なバックラッシュ状況があったと。従軍慰安婦にされた人々に対するこうした言説もまた、いま現在でも繰り返し反復され続けている。

パンス　「歴史戦」と呼ばれ、今や右派が最も熾烈に反応するテーマになってしまいました。映画『主戦場』では、右派への反論も含めた一連の流れがコンパクトにまとまっています。２０１３年５月には、橋下徹日本維新の会共同代表「従軍慰安婦は必要だった」「（米軍司令官に）もっと風俗業を活用してほしい」という発言がありました。これは同時期の日本社会の流れを思わせるような側面もあり、最も悪質だと考えています。合理性思考が内在しているし、米軍という存在も含めてそこにある問題を直視しようとしない、自明性に支えられていると思うんですね。その後橋下は「風俗業」発言のみ撤回しています。

「心地よい物語」に抗する多元的な思考

パンス　さて、「歴史認識問題」について語る上で、今まで触れていませんでしたが、靖国神社というテーマもあります。三木内閣での「私人」参拝を端緒とし、中曽根康弘も続き、「参拝」という行為が問題化するという流れができます。自分たちの世代で記憶に新しいのは小泉純一郎政権における「参拝」です。就任当初、２００１年５月の時点で「靖国神社に参拝することが憲法違反だとは思っていない」と発言し、その年８月13日に参拝します。その後第一次安倍政権でも２０１３年に実施されましたが、「反動」としてのメッセージをパフォーマンスに集約させてしまうというのは、この国においてなんとも独特な傾向だなと、常々思います。

コメカ　小泉の靖国参拝は、保守派に限らず当時の世間一般にも「なんとなく」肯定されている空気があったと思う。参拝の意味を理解していない層にも、とりあえずなんか毅然としている感じがしてイイ！みたいに受け止められていたというか。昭和期だったらそれなりに広く持たれていただろう抵抗感が、あの頃にはもうかなり希薄になっていた記憶がある。

パンス　世間的にはそうだったかもしれないです。これらを受けて中国で「反日デモ」があったのですが、当時バイトしてたクリーニング屋の同僚がそのとき中国にいて、「すげー怖かったです」などとは言っていた。それ以上突っ込んだ話はしていなかったけど。２０１０年代に入って、歴史認識に関する発言は、より過去のテンプレートをなぞるだけになっているように見えます。これは政治家ではないけれど、政治家に非常に近い人の発言として二つ……。２０１４年１月にＮＨＫ籾井勝人会長が就任演説で「従軍慰安婦はどこの国にもあった」と発言、そして２月には百田尚樹ＮＨＫ経営委員、「南京虐殺はなかった」と発言。この頃には完全に「同じ傾向の思想を持つ人たちの歓心を買う」代物になってきていると、個人的には思います。政治対立の表明というより、フィルターバブル的になっているとも言えるかもしれません。このような状況下で、過去の歴史を改めてどう捉え直す必要があるだろうかと考えてしまいます。

コメカ　たしかに今ではもう完全に、「同じ物語を共有する」ことそのものが目的化している感じがするね。バックラッシュですらなくなって、自動化した言説を仲間うちで回しあっているだけという……。ただ、歴史や社会を把握することでなく、コミュニティに住民登録することが目的になってしまうとこうなるんだなというのは、他人事じゃないなあという感じがする。あらかじめ用意された結論をただ繰り返すだけになってしまうと、こうなるんだなと……。

パンス　1999年に刊行された、上野千鶴子『ナショナリズムとジェンダー』（青土社／岩波現代文庫）をよく読み返します。そこでは歴史認識問題についてこう書かれています。「第一に認める・認めないに関わらず、歴史は反動的な言説が生まれることを一度も阻止できた試しなどないことを証明している。そして第二に、そのような『絶対』を求める言説をも多様な選択肢の一つに解消していく逆説のなかに、多元主義の未来がある」。多元主義的な思考というのは現在のネットだと「中立を気取っているだけでは」と揶揄されてしまいがちなんですが、全てにおいてバランスを取るという手法ではなく、多元的に考えることはできると思うんです。できるだけ多くの状況や思考を把握し、かつ、一つを選択することもいとわない。それが特定の領域だけの言葉にならないように気を付ける。現時点ではこのように考えています。

テーマ編その2　核と原子力

1988年■原発反対の人は冷蔵庫・クーラーを使わないで（宇野宗祐　7月21日　講演会にて）

1999年■日本も核武装したほうがいい（西村眞悟　週刊誌の対談にて）

2006年■（日本の核保有について）議論はあっていい（中川昭一　10月15日　テレビ番組にて）

■議論をしておくのは大事だ（麻生太郎　10月）

2011年■日本は核を持たなきゃだめですよ。持たない限り一人前には絶対扱われない（石原慎太郎　6月20日　セミナーにて）

■放射能つけちゃうぞ（鉢呂吉雄　9月8日　非公式の取材の場で）

2017年■非核三原則の見直しを検討（石破茂　9月6日　テレビ番組にて）

戦後日本にとっての「核」

パンス　1945年の広島・長崎への原爆投下、そして2011年の福島第一原発事故を筆頭として、日本の戦後史において「核と原発」という存在は重大な立ち位置を占めています。膨大な議論が積み重ねられ、さまざまな表現のテーマにもなっており、当然政治家たちもどのようなスタンスを取るかつねに問われてきました。そのなかで現れた発言・失言の数々を見つつ、系譜を追っていこうと思います。

コメカ　このテーマでの失言というのも、改めて振り返るのが気が重いなあ。

パンス　まずは、原爆投下直後におけるアメリカの反応を見てみます。原子爆弾の使用は国民に衝撃を与えていました。１９４５年8月12日の時点でジャーナリストのエドワード・マロウはラジオでこう語っています。「将来は不透明で自身の生存さえ保障されてはいないという認識――を勝者に残して終わる戦争はめったにない」。戦争には勝利したが、勝利にあたって、人類全体の脅威になり得る存在を作り出してしまったことに対する恐怖が、太平洋戦争後に生まれ、それはその後突入する「冷戦」イメージの基調にもなりました。

コメカ　最終戦争や世界の終わり的なイメージとして、全面核戦争の恐怖はサブカルチャーの領域でも繰り返し表現されたよね。「人類全体の脅威」が史上初めて具体化されたってのは、当時を生きた人たちにとってあまりにも強烈な出来事だっただろうな。

パンス　当時はマンハッタン計画に関わった研究者たちによって、原子力を特定の国から切り離した超国家的な管理とし、それには「世界連邦政府」に再編しなければといった議論まで起こっていたそうです。それはのちにソ連、イギリス、フランス、中国……と、続々と国家が核兵器を開発することで、達成されることはありませんでした。日本においては、広島・長崎の悲劇は1949年あたりまで報道規制がかかっていたんですね。従って、それらへの意見が世論を動かすこともなかった。占領軍は「解放」をもたらしたもので、その規定だと齟齬をきたしてしまう。そんな状態が被害者の存在を隠蔽してしまう側面もありました。

コメカ　学術研究会議（昨今何かと話題になっている日本学術会議の前身）が終戦直後に設置した「原子爆弾災害調査特別委員会」の調査研究や、調査に同行した写真家たちが撮影した写真も、50年代に入るまで封印されていた。原爆投下翌月に撮影された記録映画『広島――長崎1945年8月』についても、1970年にテレビ放送されるまでアメリカが封印。こんなに長い間、日本国民は当時の具体的な状況を認知することが難しかったんだね。

パンス　核への反対が大きな大衆運動になったのは、1954年の第五福竜丸事件以降。流通する魚に放射能汚染の危険性が指摘されるようになってからで、戦後すぐの出発ではないんです。「広島・長崎」を起源とする「唯一の被爆国・日本」という定義はその後に形成されたといってよいでしょう。絓秀実『反原発の思想史』（筑摩選書）でも指摘されていますが、核実験を実施している地域――米ニューメキシコ州やマーシャル諸島など――も被爆しているわけです。核兵器に対する認識は政治家によって多く語られていますが、その端緒は岸信介でしょう。「核兵器と名前がつけば憲法違反かというと、憲法の解釈論としては正しくない」（1957年2月）という提起は議論を呼びましたが、1967年に佐藤栄作が「非核三原則」を表明、1970年には核拡散防止条約（NPT）に署名。これが現在に至る体制といえますが、その後はタカ派系の政治家によって散発的に「核武装発言」が出てくるという流れができます。

コメカ　そもそもいま現在も、「唯一の被爆国・日本」でありながら、アメリカの核の傘の下にいるために核兵器禁止条約に署名しない／できない、っていうねじれた状況のなかにあるわけだもんな。核武装論者の政治家は、やっぱり基本的には自民党のタカ派議員が多いのかしらね。

パンス　90年代からどんどん浮上してきます。有名なのは、自由党所属、防衛政務次官だった頃の西村真悟による「日本も核武装をした方がいいかもしれない」。また、安倍晋三も2002年に早稲田大学の講演で「核兵器は用いることができる、できないという解釈は憲法の解釈としては適当ではない」と述べています。北朝鮮の核保有が報道されたのも大きかったでしょう。これを受けて2006年には中川昭一が「核保有の議論は当然あっていい」と「サンデープロジェクト」で発言。続いて同年、麻生太郎が「議論をしておくのは大事だ」と発言。一応非核三原則は堅持するとしながらも、議論をしたい！という欲求が噴出していました。最近だと、2017年に石破茂が「非核三原則の見直しを検討」するよう求めています。

パンス　一方、核兵器に関する議論とは別に、原発の建設が進められていたのもこの70年でした。原発事故後、日本の原発は核兵器開発をするために存続しているんだ、なんて言説を見かけましたが、それだとほぼ陰謀論のような話なので与することはできないものの、もっと抽象的に考えると、さまざまな形であれ「核を所有する／安全にコントロールする」という欲望が為政者側に働いているという見方はできるかもしれません。

コメカ　２０１１年に石原慎太郎が「日本は核を持たなきゃだめですよ。持たない限り一人前には絶対扱われない」と発言してるけど、核武装することで国家として一人前なんだ！みたいなマッチョイズムも繰り返し語られてきたよねえ。核の所有／コントロールへの欲望って、こういう感覚と不可分なんだろうなあとは思う。

パンス　原子力開発の歴史は、第五福竜丸事件があった１９５４年に始まります。中曾根康弘らが原子力研究開発予算を国会提出したのがこの年です。１９５６年に原子力委員会が設置。１９６６年には日本初の商用原子力発電所が茨城県東海村に竣工。70年代、田中角栄内閣によって交付金制度が整えられると、全国各地に発電所ができるようになるんですね。地方にお金を投入して、豊かにする。高度経済成長政策で工場立地を地方に拡大させたのと同じ構図です。

この頃は科学への信頼が現在より強かったのではないでしょうか。個人的には、核への思い、信仰と言ってもいいかもしれませんが——は、二つパターンがあると思うんですね。科学が未来を作るという思考と、国家事業を達成するというマッチョな欲望。二つは別々のものでありつつ、その両義性に挟まれながら物事が進行していく。核がテーマではありませんが、宮崎駿『風立ちぬ』は、工学者がその流れに飲み込まれるさまを上手く描いています。科学は最強という考えは、今ではあまり信じられなくなっていますが、過去を考える上で大事です。

コメカ　「原子力　明るい未来のエネルギー」じゃないけど、科学技術が人類の明るい未来を切り開いていく、みたいなかつての時代の感覚って、自分は子供の頃に理解し難かったなあ。科学技術が全面化する危うさを描く、みたいな感じのサブカルチャーに幼少期に多く触れていたから、科学への信頼を強く持てる感覚というのがよく分からなかった。それこそ『鉄腕アトム』が生み出されたのも1950年代だけど、あの作品の「科学に対する夢」みたいな側面よりも、ロボットであるアトムの葛藤や、科学技術を手にした人類の危うさ、みたいな側面のほうが理解しやすかったなあ。でも結構、インターネット以降の社会って、科学に対する素朴な信頼や信仰が妙な形でよみがえっている気がしなくもない。

パンス　飯田哲也＋宮台真司『原発社会からの離脱』（講談社現代新書）には、こんなエピソードが載ってました。飯田氏が神戸製鋼で原子力研究関連の仕事をしていた際の同僚が、のちにオウム真理教で幹部となる村井秀夫だった。オウムでも「科学技術庁長官」としてさまざまな設計や実験に携わるけど、それは自身の「ナチュラルサイエンス」を貫徹したかったからなのでは、という。純粋に科学をやるには「原子力ムラ」的な空間には馴染めなかったのかもしれないという仮説。「科学の時代」は、60年代以降に疑義が呈されるようになります。レイチェル・カーソンを始めとするエコロジー思想は、反原発運動にも深く根付いていました。

インターネット以降に素朴な信頼や信仰が蘇っている、というのは興味深いです。どのあたりの「科学」なのか気になります。

テクノロジーを前提とした生活

コメカ　情報技術が世界を変える！みたいな論調がゼロ年代に乱発されるようになり、実際にITが生活インフラ化して以降って、科学が担保する環境を所与のもの・自明のものとして、疑問を持たずに捉える感覚が広がったような気がするんだよね。原爆や原発のような巨大なエネルギー技術と違って、インターネットみたいにミクロなレベルで生活のなかに入り込みそれを構成する科学技術って、そのなかで生活してると対象化しづらいというか。核兵器に対する失言って発生しやすいけど、インターネットに対する失言って無いもんね（笑）。情報技術に対する信頼や依存ってすごいものになってる気がする。まあその反動で陰謀論とかも発生しちゃうわけだけど……。

パンス　ああ、なるほど。プラットフォームはユーザーのデータを日々取り続けているし、アルゴリズムが人間に影響を与えているけど、そこへの根源的な批判はなかなか起こりづらいのが現状ですね。しかし、「認識されていない」のがポイントで、今は信頼の対象としても、批判の対象としても希薄になっているということではないですかね。そもそもインターネットを支えている「電力」そのものが自明になっている前提もあるわけですが。

80年代に飛躍する反原発運動の背景には、科学を前提とした私たちの生活自体を疑っていくという感性がありました。1988年に、高まる運動を受けて、宇野外相が**「原発を使う人はテレビや冷蔵庫を使わないでくれ」**と発言していますが、これは言い得て妙というか、実際にテレビや冷蔵庫を使わないという選択肢すら視野に入っていたというのが、エコロジー運動やカウンター・カルチャーです。ちなみに最近はＳＤＧｓなどと言われ、気候変動の動きなどを受けて再び批判の回路が出てきつつありますが、原発についてはどうもペンディングになっているような印象があります。

コメカ　なんなら、ＳＤＧｓの観点から言うと原子力発電はエコ・エネルギーである、みたいなことを、原子力事業を行う企業が言っていたりする……。経済界は脱炭素社会実現のためとして政府に原発推進を促しているし、3・11を経験しながら原子力発電に回帰していくという恐ろしい構図が現状ある。国会答弁でも菅政権は、原発の新増設はしないけども、脱炭素化のために原発は活用していくよ、というよくわからない答弁をしていたし（菅政権が掲げた2050年までの脱炭素化社会実現までに、ほとんどの原発は耐用年数が切れる）。

パンス　僕は茨城県出身というのもあるのか、原子力発電には小さな頃から関心があって……。小学3年生くらいの頃に学校の図書室でチェルノブイリ原発事故についての本を読んだのでした。もし東海村の原子力発電所で同じような惨事が起こったら、なんてシミュレーションが書いてあって、「これはヤバい！」と思い、家族にお願いして、どんな仕組みなのか知りたくて東海村まで施設を見学に行ったことがあります。家族で社会科見学（笑）。その内容はもう忘れてしまったんですが、帰りの車の中で家族全員で「日本なら事故なんて起きないし安全だね～」とすっかり安心しきった会話をしたのは強烈に覚えてて、ほんの数時間で「安全神話」を叩き込まれたのでしょう（笑）。しかし、それから数年後には東海村の核燃料処理施設で事故が起こって、「あれ!?やはりおかしいのでは」と再び疑念を持ったり、言うまでもなく2011年の事故を目の当たりにしたりと、原発という存在に常に振り回されています。

コメカ　なるほど～。ぼくは東日本大震災まで、原発に関してほとんどきちんと考えてなかったというのが正直なところです……。中高生だった2000年前後の頃、その少し前の時代である80年代のサブカルチャーを後追いで見聞きしたとき、そこにあった反核運動・反原発運動の要素を上手く理解できなかったし、リアリティを感じることができなかった。当時の自分は、原発が前提となった社会をそれこそ自明化・内面化してしまっていたと思う。

パンス　80年代に比べると、その後カルチャーっぽい場で話題になることは少なかったですね。ゼロ年代後半には坂本龍一やSHING02による「STOP ROKKASHO」というプロジェクトもあったけれども。そういえば、80～90年代の反原発運動に対する匿名の嫌がらせを捉えた『反原発へのいやがらせ全記録』（明石書店）は必読です。団体や個人宛でどこからか手紙が送られてくるんだけど、それを保管して展示するという催しが2014年にあって、その図版集ですね。これは圧巻で、卑猥な表現、レッテル貼りなど、今のネット上における嫌がらせ要素が、アナログ時代のこの頃すでに出揃っているのが分かります。

コメカ　ネットが人間を変えたわけではなくて、人間がもともと持ってる陰湿さをネットが解放しただけなのかもなあ……。ゼロ年代と言えば、当時首相だった小泉純一郎は原発推進のスタンスだったけど、政界引退後は脱原発を主張するようになったね。

パンス　やはり原発事故以降変わったといえるかもしれませんね。2011年、民主党時代には鉢呂経産相の「放射能つけちゃうぞ」とかが話題になりましたが。

コメカ　この失言に関しては、彼が実際にこの言葉を口にしたという記録や裏どりの不確かさが問題になったね。報道した各誌も「放射能つけちゃうぞ」「放射能をうつしてやる」「放射能をつけたぞ」など、記述文言がバラバラで、かつ具体的な取材プロセス・発言の確認方法については伏せたメディアがほとんどだった。近年政治家も軽くいい加減な態度になったけど、報道メディアも信頼を損なうような手段に簡単に手を出すようになってきたと言える……。

しかし、いまだ福島の事故も収束していないのに、政府は国内原発の再稼働を推進しようとしている。震災から10年が経ったけれども、制御し切れないエネルギーに頼るのは本当にもう終わりにしなければいけないなと、改めて思います。

テーマ編その3　差別

1986年　■おまじりみたいな国籍のよく分からんという人は尊敬されない（中曾根康弘　12月25日　新聞社主催の座談会にて）

1988年　■中国の山西省あたりにはまだ穴を掘って人が住んでいる。政治が悪いからだ（渡辺美智雄　2月24日　参院補欠選挙の応援演説にて）

■アッケラカンのカー（渡辺美智雄　7月23日　自民党のセミナーにて）

■中南米の労働者はカスばかりだ（塚本三郎　10月12日　講演会にて）

1990年　■アメリカに黒人が入って白人が追い出されるように新宿がなっている（梶山静六　9月21日　記者会見にて）

1991年　■親不孝や家庭内暴力が増えるのも、みんな憲法に起因する（渡辺美智雄　8月30日　講演会にて）

1992年　■毒蛇を公園に放すようなものだ（瀬谷英行　3月12日　参院法務委員会にて）

■長野県でエイズ患者が増えているのはオリンピック絡みである（加藤紘一　3月19日　記者会見にて）

1993年　■景気の現状はエイズほど悪くない。軽微なガンのようなものだ（熊谷弘通　9月17日　記者会見にて）

■東南アジアを中心とするところはエイズ国家だ（大内啓伍　12月）

差別発言の増える80年代

パンス　ここでは政治家による差別発言に焦点を当てていきたいと思います。淡々と出していきますが、かなり不快になる表現もあるのでご容赦ください……。調べていくと、80年代～90年代に集中しているのが興味深いです。

コメカ　この時期の時代性が、発言の内容に影響している、ということかしらね。

パンス　まず、この頃は日米貿易摩擦があったんですね。アメリカでも日本に反発する感情が高まっていた。中身は違えど、雰囲気的には今の米中関係をイメージしてみるといいかもしれません。と同時に、日本の経済成長は「日本的な経営」によって成し遂げられたという自負があり、それとアメリカを比較するという思考があったと言えるでしょう。2章でも取り上げた中曾根康弘「黒人やプエルトリコ人がいるから、知的水準が低い」発言（1986）はこう続きます。「徳川時代には識字率、文盲率は50%ぐらい。世界でも奇跡的なぐらいに日本は教育が進んでいて、字を知っている国民だ」。

コメカ　中曾根のなかに日本レペゼン的な意図があり、それが差別言説として結実していると……。「俺たちはもはやアメリカにだって負けていない！」みたいな自信というのが、80年代半ばぐらいにはムクムク大きくなっていたんだなあ。

パンス　１９８６年には中曽根による「おまじりみたいな国籍のよく分からんという人は尊敬されない」という発言も。「おまじり」とは「混血」を指しているのかという記者団の追及に対し、「思想的に中途半端で人まねしている人のことだ」と弁解しているけど、あまりに軽率と言わざるを得ない。

コメカ　次々とこんな発言しているところを見ると、改めて本当に根深い人種差別意識の持ち主だったんだなあと感じる……。ただ、80年代当時の日本の一般的な人種差別に関する意識・認識って、このレベルと大差なかったんだろうなあという気も正直する。

パンス　この頃人気のあった政治家、ミッチーこと渡辺美智雄による、１９８８年「アメリカの連中は黒人だとかいっぱいいて、『うちはもう破産だ』（中略）ケロケロケロ、アッケラカンのカーだよ」も中曽根発言に並ぶ失言。これもまた「日本は破産という一家心中になるが」と比較したうえでの表現になっている。渡辺美智雄はこの頃失言続きで、「ミッチー節」という感じでさほど深刻には受け止められていなかったと浅野史郎（政治評論家）が書いていた。同じ88年だけでも「野党のウソに引っかかるのは、毛ばりに引っかかる魚と同じで知能指数が低い」とか、「共産党は左に曲がって出世しない者が集まっている」「中国の山西省あたりにはまだ穴を掘って人が住んでいる。政治が悪いからだ」など、凄まじい。毎月のペースで失言を放っている。

コメカ　林家こぶ平の真打披露パーティーで、こぶ平の母・海老名香代子を持ち上げるために作家・評論家の西舘代志子を誹謗したら本人がパーティに出席していて猛抗議、謝罪した……とか、渡辺はとにかく「そういうキャラ」として振る舞って、しかもそれを世間が許していたというのは、なんだかロクでもない構図だなあという感じがしますね。他にも「日教組には頭のおかしな先生がいっぱいいる」とか、倫理的に問題のある発言を乱発していてとにかくひどい。

パンス　栃木弁のキャラでね。バブル期ってトレンディでラグジュアリーなイメージが固定化されてますが、並行してベタベタなキャラクターも半ばパロディックに消費されるという時代でした。オヨネーズ「麦畑」がヒットしていたのは1989年ですからね。

外国人労働者の増加

パンス　あと言及しておきたい点として、この頃は、次々と新しいビルが立ち、建設現場の人材不足などを要因として、外国人労働者が増えた時代でもあるんです。1990年に入管法が改正されて日系人の滞在が緩和されます。それによって南米から訪れる人も増えたし、イラン人が偽造テレフォンカードを代々木公園や上野公園で売買していたなんて話を覚えている方も多いのではないでしょうか。

コメカ　偽造テレカの売買って、当時の雑誌とかを読むといろんな形でネタにされているんだけど、今ではもはや「テレカって何？」って感じだから、あとから理解しにくい社会事象になってしまった感があるな……。ギャグにされるような場面も多かったし、イラン人に対してネガティヴ・イメージを押し付けるような語りが多かったなあと今となっては思う。

パンス　五十嵐泰正「グローバル化とパブリック・スペース──上野公園の90年代」（『戦後日本スタディーズ3　80・90年代』紀伊國屋書店）によると、1991年春にイラン人が突如として出現したとある。江戸からの上野公園の歴史と当時の状況を交錯させていくとても興味深い論考なのだが、1993年「宝島」には「代々木、新宿、上野・うわさのイラン人スポットに潜入!!」という記事もあったとのこと。同様の記事はメディア上に溢れていました。

コメカ　そう、なんかその「宝島」の記事タイトルみたいに、「怪しい異国人」的な差別視線を煽るような語り口が多かった印象があるんだよな……。当時子どもだった自分も、そういう形でメディアが取り上げているのを見た。

パンス　外国人労働者の受入れ緩和が検討され始めたのが1988年。そんな中、塚本三郎民社党委員長「中南米の労働者はカスばかりだ」という発言もある。

コメカ　なんかもうウンザリしてくるが、これはいったい何を意図した発言だったんですかね？

パンス　この頃は外国人労働者の受け入れが大きな課題だったんですよ。「3K」という言葉が出てきたように、若年層が単純労働を忌避するようになったというのもある。

コメカ　しかしそこで出てくる言葉が「カスばかりだ」というね……。

パンス　この人は受け入れに反対していたんですね。その流れでの発言です。寺尾紗穂さんの「アジアの汗」という楽曲がありますね。都心にあるビルは外国人労働者の力も含めて作られたことを示す歌詞です。「アジアの汗しみこんだこの国のビル」。

コメカ　バブルに浮かれる日本社会の影で、外国人労働者がハードな肉体労働を担っていた現実があった。1993年には技能実習制度が導入されて、この制度はいま現在に至るまで、過剰な低賃金・重労働環境や、ハラスメント・暴力に技能実習生をさらす状況を招いている。

パンス　中曾根の「単一民族」発言のときにも話したけれども、日本は長らく同質性の高い社会だという事実というか自己認識があって、この頃はそれが現実的に変化していく時期にあたるわけです。その中でひどい反発もあった。90年、歌舞伎町の「夜の仕事」に従事する外国人の手入れに同行した梶山静六の発言もある。「アメリカに黒人が入って白人が追い出されるように新宿がなっている」。

コメカ　菅義偉が師と仰ぐ梶山清六。中曾根・渡辺とおんなじ類の酷さ。

パンス　あと、この頃に限らず、少年犯罪に関する失言もありますね。それぞれメチャクチャなことを言っています。1991年、渡辺美智雄は「親不孝や家庭内暴力が増えるのも、みんな憲法に起因する」と憲法のせいに。1992年、瀬谷英行参院議員は「そういう少年犯罪の他に、精神病で病院から出てきた人が人殺しをした例もある。（略）これでは毒蛇を公園に放すようなものだ」と発言し、翌日に謝罪。社会不安の原因を何かに求めようとして、特定の対象を差別するパターンになりがちです。

コメカ　戦後憲法や社会的マイノリティに対して、全く関係の無い問題の原因を押し付ける作法は、いま現在でもネット上で一般人も繰り返している。

パンス　さらに、エイズ差別もあります。１９９２年、加藤紘一官房長官による「長野県でエイズ患者が増えているのはオリンピック絡みである」という発言が。長野オリンピックは１９９８年なので、この時点でなぜこのような発言が出てきたのか、全く謎なんです。その日のうちに「正確なデータに基づいた物ではなく」と発言を取り消している。怪奇発言です。１９９３年、熊谷弘通通産相「景気の現状はエイズほど悪くない。軽微なガンのようなものだ」という、全てに対して不適切な発言。同じく１９９３年、大内啓伍厚相「東南アジアを中心とするところはエイズ国家だ」と、差別が二重になっている発言もあります。

コメカ　うーん、どの発言も本当に酷いな……。近年も政治家たちの差別的な言動・行動というのは後を絶たないし、今後も延々と繰り返されていくと思うんだけど、その都度きちんと抗議していくしかない。腹が立つし骨も折れるけど、こればっかりはずっと継続的に怒り続けていかないといけない。

コメカ　さて、こうして戦後日本における失言を追いかけてきたわけですが……。全体終えてみると、やっぱり総じて失言の質が幼稚化していったという印象が正直あるなあ。多くの失言のなかに「戦後空間に対して疑義を呈する」みたいな態度が通奏低音的にあると思うんだけど、近年の保守政治家の失言を見ると、この人本当に自分なりに戦後空間についてちゃんと考えたのかな〜……って感じがしてしまう。「戦後空間に対して疑義を呈する」こともテンプレ化していると いうか、定型文的にそれをなぞっているだけって感じがするんだよな。

パンス　そうだねえ。戦後についてみんな忘れてしまったことで、戦後が終わったといえるかもしれない……。こんな終わり方でいいのかという気はするけれども。というのは冗談で、「終わっていない」ことについて本書では話したつもりです。

コメカ　自分や自分が生まれた場所にまつわる歴史を踏まえてものを考えたり発言したりする、っていう態度を選択する人が少なくなったというか……。新自由主義以降の態度だなあという気もしている。保守を自称しているような人でも、自分が土地や歴史に束縛・規定されているような感覚は希薄だったり。自分のアイデンティティを担保するための便利なツールとしてインスタントに「日本」が持ち出されるだけで、土地や歴史にまつわる面倒なことは考えたくない、みたいな（笑）。

パンス　みんなが空中戦をやるようになってきたと言えるだろうね。それはテレビの頃からあった側面だとは思うけど、多くの人にアピールして数を取っていくという手法がより強まっていったのがここ数十年でした。

コメカ　むしろ反・戦後日本的な失言をしておけば、とりあえず一定の支持層からの歓心は得ることができる、というね。SNS時代になってそういう傾向が本当に強くなった。炎上商法じゃないけど、どんだけ失言したところでどのみち公共的な議論に引っ張り出されることなんてないだろ、しばらく大人しくしときゃそれで済むんだ、という侮りが近年の政治家たちの態度には感じられる。そして実際、失言についての議論が時間をかけて展開されることなんてほとんどなくて、大概はSNSの「ネタ」になって終わりだからね……。

パンス　近年の失言は、僕自身も忘れているものが多かった。調べてみて「ああ、あったあった」と。むしろ90年代からゼロ年代初頭、自分が子どもだった頃の失言の方が覚えていたな。それだけ報道されていたということなのでしょう。

コメカ　あと難しいなと思うのは、かつての時代よりも失言に対して個人が公に抗議することはやりやすくなったわけだよね、ネットやSNSがあるから。個々人が自分の考えを表明すること自体はとても大切なことだと思うんだけど、今の状況だとあまりにもそれらの言葉がSNSに回収されやすくなっている。そうして諸々の失言がリアルタイム・コミュニケーションの「ネタ」になればなるほど、次々に消費されるサイクルに巻き込まれてどんどん忘却されていくっていう……。だからこの本みたいに、忘れないように記録してしつこく論じていくのは大事だなあと改めて思った（笑）。

パンス　メモっておくというのは大切だね。これだけ発信しやすくなった時代だけど、自分が何を言っていたのかすら忘れそうになってしまうので。そうなると「発信する」というのは一体なんなんだろうという気もしてくるわけだけど。

コメカ　だから本当に当たり前の話ではあるんだけど、「個人として発信する」という態度をなんとか成立させないといけないわけだよな。結局いま現在の政治家の失言も、それに対するSNSでの批判や擁護も、どういう「クラスタ」に向けて言葉を提出するか、という意識に誰もがとらわれ過ぎているというか。いち個人としての自分の信念を表明することではなく、「クラスタ」からの歓心・アテンションを集めることばかりが目的化されるようになってしまった。戦後日本における政治家たちの失言の変化……というか言ってしまえば「劣化」とは、つまりそういうことだったのかなあと。とにかくアテンションを集めて数を取ることで、自分が寄って立つ

「クラスタ」がでっかくなればそれでいいんだ、自分なりの信念も具体的な説明も必要ない、という態度の全面化。

パンス　もうSNSでは難しいんじゃないかと思うようになってきたな。たとえ「信念」があったとしても流れていっちゃうし、意見が合うところまでしか届かないし。意見を集めて、雰囲気を作っていくような効果まではあると思うけど、それ以上やるには、地道な作業が必要になっていくんじゃないかしら。その点は、昔も今も変わらない。とはいえ、インターネット自体がだめと言いたいわけでもなくて、ちょっとした工夫でどうにかなるのかなと思っているけれど。

コメカ　そうだね、なんかこう、ネットの中でも外でも、「自分はこうやってみようかな」みたいなことを、小さなことでもいいから各自自分なりにコツコツ地道にやり続けるのがいいのかな、って最近は思っている。これもまた当たり前過ぎることかもしれないけど……。我々も今回こういう形で自分たちなりに通史を語ってみようとしたわけだけど、政治家の失言の問題ひとつとっても、いろんな対抗の仕方があると思うんだよね。SNSでの発言が無意味って言いたいわけじゃなくて、個々が自分なりのやり方とペースで「信念」を少しずつ形にしてみるのがいいんじゃないかな、というか……。ネットの中でも、SNSじゃなくてブログでこの一年の政治家の失言をまとめてズラーッとリスト化してみるとか、そういうのも面白いしさ(笑)。それぞれいろんなやり方があるっていう感覚が、もっと広がっていくといいなあと思います。そうやっていろんな形で、失言も含めた社会の諸々を今後も考え続けていければな、と。

パンス　本書のまとめに戻ると、「戦後史」といっても触れられなかったところはたくさんあります。まず、失言が中心なので失言をしていない政治家にはあまり触れられていない（笑）。たくさんいますし、実績を残しています。もしくは失言してなくても問題ある政治家もいるし、逆もまたしかり。そんな多面的な視点を持ちつつ、本書が、過去を生きた人々についてより深く調べる、歴史のなかに分け入っていくきっかけになれば嬉しいですね。

コメカ

政治家たちの「失言」を辿ることを通して、我々TVODなりに戦後日本史の流れをざっくりと描いてみよう……という試みとして、本書は企画されました。まえがきでパンスが書いているように、言及できたのはもちろん戦後史におけるごくわずかな部分・側面でしかありません。しかし、楽しみながら大づかみに歴史の流れを辿っていける読み物として、そしてこれもパンスが書いているように、「なんで現代はこんな社会なんだろう」という問いを考えるためのひとつのツールとして、面白いものがつくれたのではないかと思います。

SNSが覆いつくす現代の社会スピードについていこうとすると、誰もがどうしてもコピーアンドペースト的な話法に陥りがちです。本書で見てきたように政治家たちの「失言」は（低レベル化する形で）増殖していますが、それらは報道されると同時にSNS的コミュニケーションの「ネタ」と化していきます。批判の言葉も擁護の言葉も、大喜利的に連続して登場する「失言」＝「ネタ」に即時対応するため、コピペ的な定型文の連打に陥りがちです。批判・擁護の言葉を様々な人々が自由に発するのはとても大切なことですが、そうしたそれぞれの言葉が定型文化し、同族的なリアルタイム・コミュニケーションにばかり還元され、SNSのトラフィック生成のために吸い上げられるような状況は、危ういものだと感じます。これは「失言」に限った話ではありませんが、問題をタイムラインが盛り上がる「ネタ」で終わらせるのではなく、時間をかけてゆっくりそれに向き合うためには、やはりそこにある背景や歴史を学びながら考えていくしかないように思います。しかしそのための方法論が現在広く開かれていくとは言い難く、手軽なアクセス先としてのSNSで疲れ消耗してしまう人が多い印象があります。本書が現状のバックグラウンドを知るための道具のひとつとして、長いスパンで問題を捉え考えていくためのきっかけのひとつとして読んでもらえたら、我々としてはこんなに嬉しいことはありません。SNS的なコピペ戦争には無い面白さを、この本のなかに少しでも生み出せていたらよいのですが。

我々は普段サブカルチャーについて言及することが多いのですが、例えばポップミュージックに関する歴史解説本、名盤ディスクガイド本のようなものに、若い頃の自分はさまざまなことを教えてもらいました。そこに書かれていた歴史や名盤についての情報は今ではネット上に溢れていますが、それらは細かく断片化され、初学者が「ざっくりとした通史」をそこに読み込むことがとても難しくなってしまっています。先述したような書籍たちは、サブカルチャーにおける大きな流れ・歴史を分かりやすく自分に教えてくれたのでした。本書は政治や社会について書かれたものですが、そういうディスクガイドのような読まれ方をしてほしい、と思っています。知識や歴史の概略図ができるだけ広く沢山の人に開かれていくことが、その先での議論やコミュニケーション、果てはアクロバットな批評やユニークな解釈等の出現を準備すると、自分は信じています。TVODも、さまざまな形での試みを今後も続けていくつもりです。

索引人名

政治家失言クロニクル

2021年12月24日　初版印刷
2021年12月24日　初版発行

著者　TVOD（コメカ＋パンス）

編集　大久保潤（Pヴァイン）
協力　渡部政浩
装幀　北村卓也

発行者　水谷聡男
発行所　株式会社Pヴァイン
〒150-0031
東京都渋谷区桜丘町21-2 池田ビル2F
編集部：TEL 03-5784-1256
営業部（レコード店）：
TEL　03-5784-1250
FAX　03-5784-1251
http://p-vine.jp
ele-king
http://ele-king.net/

発売元　日販アイ・ピー・エス株式会社
〒113-0034
東京都文京区湯島1-3-4
TEL　03-5802-1859
FAX　03-5802-1891

印刷・製本　シナノ印刷株式会社

ISBN 978-4-910511-05-4